高校国际美术交流中
“艺术家驻访项目”的探索与展望

刘 京 著

湘潭大學出版社
XIANGTAN UNIVERSITY PRESS

图书在版编目（CIP）数据

高校国际美术交流中“艺术家驻访项目”的探索与展望 / 刘京著. -- 湘潭 : 湘潭大学出版社, 2022.3
ISBN 978-7-5687-0767-1

Ⅰ. ①高… Ⅱ. ①刘… Ⅲ. ①高等学校—美术—文化交流—研究 Ⅳ. ①J114-4

中国版本图书馆CIP数据核字（2022）第073161号

高校国际美术交流中“艺术家驻访项目”的探索与展望

GAOXIAO GUOJI MEISHU JIAOLIU ZHONG “YISHUJIA ZHUFANG XIANGMU” DE TANSUO YU ZHANWANG

刘京 著

责任编辑：丁立松
封面设计：清 清
出版发行：湘潭大学出版社
社　　址：湖南省湘潭大学工程训练大楼
电　　话：0731-58298960 0731-58298966（传真）
邮　　编：411105
网　　址：http://press.xtu.edu.cn/
印　　刷：长沙鸿和印务有限公司
经　　销：湖南省新华书店
开　　本：710 mm×1000 mm 1/16
印　　张：9
字　　数：140千字
版　　次：2022年3月第1版
印　　次：2022年3月第1次印刷
书　　号：ISBN 978-7-5687-0767-1
定　　价：58.00元

前言

FOREWORD

国际交流合作是高校的五大基本职能之一，这是常识。在全球化早已成为事实的今天，高校的国际交流合作水平，在一定程度上深刻影响着学科建设与专业发展。同时，国际交流合作的水平，也是高校综合实力的重要体现之一。虽然突如其来的新冠疫情，已经深刻影响了世界的格局，也依然严重影响着国际之间的交流合作，但疫情终究会过去，高校的国际交流也一定会重回正轨。在当前这一特殊的阶段，梳理国际交流的思路与体系，并充分利用在线交流的便捷性这一优势，为后疫情时代的高校国际交流合作积累资源，积极探索和展望多元的交流新模式与新方向。

总体来看，国内的各高校中，美术类的国际交流相对于其他学科来说并不算多。造型美术类学科，相比于设计类学科，其国际交流的数量与深入程度更稍显不足。横向比较来看，相对于美术专业院校及综合性重点院校而言，地方性普通本科院校的美术类国际交流开展整体较少。毋庸讳言，经济实力、人才配备、交通条件、专业硬件等的差异，是高校国际美术交流开展情况差别的主要原因。“艺术家驻访项目”作为一种门槛不高、投入不多、形式灵活的国际美术交流方式，既适用于实力雄厚的重点院校，也适用于实力相对较弱的一般高校；既适用于传统的造型美术类学科，也适用于设计类学科，甚至可以开展美术与音乐、舞蹈、戏剧、文学等的跨学科驻访。驻访项目的开展，对于激活高校的国际美术交流合作水平，具有立竿见影的效果，能产生丰富而多元的价值。

本人于2010年、2013年，两次在美国石版画家克雷格·康沃尔的“三叶虫版画工作室”驻访；2016年7月，又前往新墨西哥大学的“塔玛琳德学院”驻访。这三次驻访经历，使我的石版画专业能力得到了较大的提升，同时，认识了很多来自各国的版画家朋友，并对国际“艺术家驻访项目”的开展有了充分的了解和认知；这为我后来在长沙师范学院推动“潇湘国际版画艺术中心”（Xiaoxiang International Printmaking Centre，简称XIPC）的驻访项目打下了基础。2012年8月，我硕士毕业回到长沙师范学院工作。虽然当时学校还没有专门的版画工作室，也基本上没有国际美术交流活动，但我已经逐渐产生了为学校推动国际美术交流的想法。2013年，我负责为学校建设了第一个专业的版画工作室，它成为此后几年学校开展国际艺术家驻访的主要阵地。一方面，版画是美术教育类专业的重要课程，且我的专业是版画，对这一方面的业务比较熟悉；此外，与我有联系的国外艺术家也多是版画家。另一方面，版画是最国际化的画种之一，且版画有复数性等优势，因此，在开展国际艺术家驻访项目的时候，版画具有天然的优势。基于以上原因，我在发起和申请开展驻访项目的时候，是从版画入手的。

从2013年底参与策划“界——保罗·克罗夫特&卢雨版画艺术作品展”至今，长沙师范学院“潇湘国际版画艺术中心”（又名潇湘国际艺术家驻访中心）持续接待了来自英国、美国、法国、韩国、瑞士等国26人次的驻访，驻访总时长近30个月。驻访项目从多个层面实质上提升了长沙师范学院国际美术交流的数量和水平。由于XIPC的多数驻访艺术家具有高校教学经验，他们在长沙师范学院承担的课堂教学近600课时，举办的学术讲座超过30次。同时，近年来，基于艺术家驻访项目，长沙师范学院举办的大型国际艺术展览有7次；其中，与中国美术家协会版画艺委会联合主办的“2015潇湘国际版画名家邀请展”是湖南有史以来第一次大规模的国际版画展；2021年10月，长沙师范学院与中央美术学院、国际学院版画联盟等机构联合主办的“首届国际数字版画艺术大展”，是国内举办的首个数字版画国际展览。此外，由长沙师范学院美术与设计学院、XIPC组织，由驻访艺术家参与或负责策划的长沙师范学院师生作品及湖南版画赴境外展览共计5次。即使在全球疫情的2021年，“长沙师范学院师生作品展暨湖南版画赴法国展”仍如期在法国里永艺术与音乐学院美术馆开幕。

由于XIPC是湖南乃至国内的首个高校国际艺术家驻访项目，其每一个项目的实施都是在摸索中不断推进的。同时，因为经验、经费、人员、硬件及疫情等各种条件的影响，项目的发展与运行颇为艰难，其整体的实施也难以持续保持稳定和构成体系。即便如此，XIPC的驻访项目仍然是在不断地完善中成长的。基于这一项目的开展，长沙师范学院的国际美术交流在湖南所有高校中最为突出，其数量和水平远超同类高校，这也是有目共睹的。长沙师范学院XIPC的驻访项目主要集中于版画家的驻访，因此，其在国内外版画界的影响更大；由于XIPC驻访项目的突出影响，2018年，“国际版画机构联盟IOPA”将其吸纳为会员机构，并以专门网页进行介绍。

由于XIPC驻访项目的阶段性成功，2016年，我开始思考、研究和总结驻访项目在高校普及、发展的模式与可能性，并成功立项了2016年湖南省哲学社会科学基金青年项目。为了确保研究的广泛代表性，我进行了颇为系统的调研与访谈，对世界各地的各类国际艺术家驻访项目进行了比较全面的了解。因此，在完成本课题研究的过程中，可以做到有理有据，不臆想，不偏颇。但“艺术家驻访项目”终归不是深邃的哲学思考，而是非常具体、有效的实践方式，因此，本书的撰写需要充分的实践与调研周期作支撑，也相应地延后了省社科基金项目的结项时间。由于国内的高校国际艺术家驻访项目比较少见，同时，由于疫情等因素的影响，赴国外实地考察的难度进一步加大，因此，有些调研和访谈的工作也不得不依赖网络在线完成。必须说，本书的撰写，是基于充分的实践与调研的基础上完成的，虽然未必具有一般科研著作的高度理论意义，但对于高校国际美术交流的开展，一定具有良好的借鉴与参考价值。书中所整理的国际艺术家驻访项目信息，为包括高校教师在内的各类艺术家，提供了国际驻访的集中信息来源与查阅依据。以我目力所及，这本书可能是国内第一本系统梳理和介绍高校国际艺术家驻访项目的书籍，或能填补这方面的空白。

在本书撰写的过程中，我不断回顾XIPC驻访项目这8年多以来的发展历程，收获、成长、感动自不必说，其中的艰辛与甘苦，则唯当局者可知。算不清字数的上百封往来邮件，记不清次数的深夜往返机场，数不清的陪同艺术家出行的周末，还有算不清次数的义务讲座与教学翻译，此外还有各类事无巨细的组织、策划、申请、报备、沟通、衔接、收件、退件、布展、撤展、订票、派车，甚至海报制作、推送设计、发言稿撰写、邀请函制作、会场布置、住宿预订、餐饮安排等。要做成任何事情，都必须要有乐于奉献者，这自不待言。XIPC 驻访项目所取得的每一项成绩，都是很多人默默付出的结果，学生在其中所承担的工作量和作出的贡献是非常重要的。当然，学生参与驻访项目的实施，也都会有很好的收获和成长。作为发起者和当事人之一，我亲眼看到 XIPC 国际艺术家驻访项目给学校、学生和同事带来的作用和产生的价值，正因为如此，所有的付出都很值得。

“艺术家驻访项目”是值得在广大高校的国际美术交流中进行不断探索和推广的，其应用价值和效果也是足以令人期待的。希望本书的出版能为省内外高校的国际美术交流作出一些贡献，能给兄弟院校和同行提供一些启示和帮助。

刘 京

2021 年 10 月于水渡河畔

目录

CONTENTS

第一章　“艺术家驻访项目”在高校国际美术交流中的价值与应用

“艺术家驻访项目”，英文名称“Artist-in-Residence Program”，又称“艺术家驻留计划”，是由高校、艺术机构等作为主体开展的，以艺术家（主要是指美术家）短期创作、研究、教学、交流等为内容的艺术项目。由高校作为主体的“艺术家驻访”，在国内还比较少见。作为一种投入较少、实施简便、回报丰厚的学术交流方式，“艺术家驻访项目”对于高校美术学科的教学改革、学术研究等多个层面都能产生良好的推动作用，对于优化师资结构、拓展艺术资源、提升学术氛围、引入先进理念等都具有积极的意义。

（一）高校国际艺术家驻访项目的实施条件分析

高校国际艺术家驻访项目的实施条件是具有充分多元性和灵活性的。驻访项目的实施，可以根据各自高校的现有条件及特点来进行，但如果要确保持续地、有质量地开展高水准的国际艺术家驻访，除了基本的人员、硬件保障之外，其地理位置、文化资源等外部条件也很重要。

1. 人员。开展高校国际艺术家驻访项目所需的人员包括翻译人员、专业技师、展务人员、日常接待人员等。

（1）翻译人员：负责国外艺术家驻访申请、签证、展览资料等文本的辅助性笔译，艺术家驻访期间的日常语言沟通，同时负责艺术家开展的教学、讲座等活动的现场翻译等工作。此外，翻译人员还应负责与驻访艺术家之间的长期联络与互动，确保驻访项目的可持续性及稳定性。翻译人员是开展国际艺术家驻访项目的关键之一，没有良好的翻译人员配备，国际艺术家驻访就无从谈起。

（2）专业技师：辅助艺术家进行创作，包括创作材料准备、创作过程协助等。技师的辅助，可以为艺术家的创作提供诸多便利，为艺术家解决创作关键环节之外的烦琐技术性细节，使艺术家可以更加集中精力创作，从而在有限的驻访时间内产生更好的创作、交流效果。对于版画、陶艺、雕塑等工艺流程复杂的艺术门类而言，专业技师对艺术家驻访项目的作用更加重要，没有作为“技师”角色的相关人员保障，驻访项目就很难开展。当然，在高校驻访项目中，专业技师也可以由技能出众的教师或学生担任。

（3）展务人员：为举办各类驻访艺术家个展、群展、教学展、交流展等提供装裱、布展等专业服务和支持。展务是艺术家驻访项目中的重要一环，驻访过程中产生的创作、教学、交流等所有成果都需要通过展览来呈现。同时，展览也是驻访项目本身的重要形式和组成部分。各类高质量的展览，能持续提升驻访项目的学术水平和社会影响，进而提升驻访的整体质量和水平。对于高校而言，高水平的艺术展览也是教学、科研的重要形式，是实现环境育人的有效方式。

（4）日常接待人员：为艺术家在驻访期间的日常生活提供帮助和支持，包括本地交通、日常饮食、日用品购买等非常具体的事务。由于国际驻访主要面对的是外国艺术家，日常接待也是驻访工作中不可忽视的一环。外国艺术家在驻访期间，面临语言交流、生活习惯、交通出行等一系列的日常生活问题。如果没有专人给予协助解决，艺术家在驻访过程中的生活将有诸多不便，创作、教学、展览等工作也就无从开展。在接待人员配备充足的情况下，日常生活的各个方面，可以分别由专人负责，甚至还可以安排专门负责艺术家周末进行当地文化考察的人员。在人员不足的情况下，分工可以进行整合，即同一人员承担多方面的接待工作。日常接待人员需要提前进行一定的培训，确保他们具有基本的英语口语交流能力，并应进行安全、急救等知识的教育。同时，应要求接待人员提前了解入驻艺术家的相关文化、生活习惯，甚至应了解其宗教信仰、民族习惯、饮食禁忌等，避免在实际工作中产生不必要的误解。由于驻访机构的不同经济情况，日常接待经费的投入也不尽相同。有的驻访机构为艺术家驻访期间的日常生活提供全额资助，有的机构则要求艺术家自行承担日常开支，这也是需要接待人员特别注意的地方。一方面应按照政策和实际情况开支经费，避免超支和违规；另一方面，也应避免经费纠纷和误解。日常接待工作，是确保驻访项目顺利进行、持续开展的基础。

对于高校而言，一般情况下，艺术家驻访项目的各项工作由相关教师承担。但在教师配备不足的情况下，可选拔合适的学生承担部分工作。不论何种情况，项目实施的过程中，至少应有一名教师专门负责整体的统筹、协调和安排。师生参与艺术家驻访项目，都能在艺术视野、组织能力、外语水平等各方面得到提高。为了确保驻访项目开展得顺利，在可能的情况下，应保持工作人员团队的相对稳定性，不能频繁更换人员。唯有科学、明确的分工，专业而熟练的团队，合理而有效的机制，才能实现国际艺术家驻访项目的高质量实施与持续发展。唯有师生积极而深入的参与，才能使高校的驻访项目真正产生最佳的效果。

2. 工作室。基于各高校的不同学科条件和设施基础，根据项目开展的实际门类与专业属性，驻访项目所需的工作室及硬件各有差异。如：版画类的艺术家驻访需要专业的各类版画工作室及相对完善的机器设备。陶艺类工作室则需要贮泥池、拉坯机、练泥机、电窑、气窑等专业设施。总体来看，所有的艺术家驻访项目都至少需要工作室空间及基本设施配备。应尽量确保驻访艺术家所用的工作室空间及设施，与教学所用空间保持相互独立，至少应在时间周期上相互错开，从而使艺术家的创作可以在相对安静、稳定的条件中进行，免受干扰。工作室硬件的配置越全面、越优质，驻访项目的开展就越容易持续和发展，项目的实施水准就越高。

对于独立设置的专业院校与实力雄厚的综合性大学而言，工作室的配备往往比较优质，开展驻访项目所需的空间及设施条件一般都不成问题。但对于整体实力相对不足的地方性普通本科综合院校及职业院校而言，工作室及硬件设施问题往往会成为开展国际艺术家驻访的难点。其实，每个学校都可以在各自已有的硬件条件基础之上，对资源进行科学配置；只要能具备上述基本的空间和设施条件，所有学校都可以根据各自学科建设和专业发展的需要，开展适合各自硬件条件的、规模各异的驻访项目。

3. 展厅。作为驻访机构的基本配备，展厅是必不可少的。展厅是美术类成果展示的最佳场所，也是艺术交流及场域教学的重要空间。驻访艺术家要呈现个人的作品面貌、教学效果、驻访成果，都需要借助展厅予以实现。展厅是驻访项目中仅次于工作室的最重要配备之一。当然，不同层次的高校，其展厅的条件是各有差异的。独立设置的专业院校及高层次的综合性大学，往往都建设有专门的美术馆或艺术博物馆；大多数高校的美术类二级学院及系部，设置有美术作品专业展厅。不论是设施精良的美术馆，还是配备一般的展厅，通常都可以适应艺术家驻访项目的基本展示要求。

4. 住宿条件。高校是否具有能提供给驻访艺术家免费居住（或价格低廉）的公寓或其他舒适的住房，是开展国际驻访项目的另一个重要条件。住房应与工作室之间距离较近，如在校园内最佳。提供给外国艺术家的住房应按国际惯例，配备空调、洗衣机、卧室、厨房、卫生间、会客室等基本条件，同时应确保安全。房内的其他基本生活配备，如：炊具、被褥、水电、燃气等，也应基本配置到位。优良的住宿条件可以使艺术家得到良好的休息，是艺术家在驻访期间顺利完成创作、教学、交流等各项工作的保障之一。

如校园内没有办法提供住房，则可以在校园附近为艺术家租用一套住房，或为其安排一套酒店内的住房。住房费用的情况可以依据各校的实际情况而定，可由高校承担，也可由艺术家自己支付。费用的支付方式及标准，应在驻访开始之前由工作人员与艺术家沟通协商好，避免不必要的误解。不论何种住房，基本的生活条件及安全性必须得到充分保障，校外住房与驻访工作室之间的日常交通及安全也应得到充分考虑。

5. 文化资源。高校所在地的文化传统与资源，对于吸引外国艺术家前来驻访具有很大的作用。越是具有良好传统文化资源的地方，越能吸引艺术家的关注和喜爱。高校在开展艺术家驻访项目的时候，应充分发现和挖掘所在地的传统文化资源，并将其融于项目的实施过程。这在提升项目实施质量的同时，有利于促进传统文化的传播和推广，也有利于实现传统文化与当代精神的结合。

在项目发布的过程中，可以将本地的文化名胜考察作为驻访的福利列入艺术家征集函；同时，也可以举办国外艺术家与本地的传统艺术家（国画家、民间艺术家等）之间的研讨会、交流展、联合创作等学术对话活动。多数外国艺术家都有周末不工作的习惯，因此，本地文化考察及交流的相关活动，都适合安排在周末及可用的休息时间，这可以同时起到丰富艺术家驻访期间的业余生活的作用。安排好业余时间，也间接减少了艺术家在驻访期间的安全风险，使他们的出行在合理的计划之中，避免意外伤害。

6. 地理位置。高校所处的地理位置，也是驻访项目开展的条件之一。交通便利的经济发达地区，比交通不便的偏远地区更加易于开展驻访项目。具有便利的大型国际机场，并处于铁路、公路交通枢纽地区的高校，更加能吸引外国艺术家的关注，也更加便于开展国际艺术家驻访。

此外，高校所处位置的周边生活配套，也是国际艺术家驻访项目开展的条件之一。周边生活配套越好，艺术家在驻访期间就更加能感觉到生活的便捷与舒适。如果地理位置过于偏僻，配套不完善，艺术家在驻访期间就会随时面临日常生活的不便。

当然，不论是地理位置或生活配套的实际情况如何，只要努力地予以合理解决，都是能够创造条件开展驻访项目的。地理位置和生活配套的劣势，都可以由工作人员的周到安排、辛勤付出来弥补。此外，偏远地区往往拥有更加丰富和原生态的传统文化资源，更加清新的空气和优良的自然景观，这恰恰是开展驻访项目的优势条件所在。

（二）适合开展高校国际艺术家驻访项目的美术门类

高校国际艺术家驻访项目的开展，应基于各高校自身的学科、专业门类，基于各自的人员、硬件、资金等实际条件。驻访项目应为高校的学科、专业发展提供支持，应对各高校相关学科、专业发展具有实质性的积极作用。高校国际艺术家驻访项目的开展绝不只是图热闹、求关注的形式主义行为，而应该落实到学科建设、专业建设的实际需要之中。适合开展高校国际艺术家驻访项目的美术门类应是具有较广国际性的门类，如：油画、版画、雕塑、陶艺、插画等。中国画和各类中国独有的艺术形式，不适合开展国际驻访项目。在所有美术类别中，“版画”因其最广阔的国际性分布，以及其复数性、轻便、易于运输等特点，在国际艺术家驻访项目中最易开展。

除了“轻便”等特点之外，版画的设备、材料、语言，在所有美术门类中几乎也是最国际化的。版画家对工作室的依赖，以及版画家群体的相对小众化，使得高校国际驻访项目中的版画家驻访最为常见。

陶艺同样是极为国际化的美术门类。不论是其悠久的文化传统，世界性的技术体系，还是其共通的形态基础，多元的语言格局，都使其成为全球高校中最广泛存在的美术门类之一。但是，相对于版画而言，陶艺作品的运输难度较大，在一定程度上限制了驻访项目中的展览环节。

油画、雕塑、插画、摄影、装置、数字媒体艺术等门类均适合开展高校国际艺术家驻访项目。但每个艺术门类都各有特点，各自有各自适合开展的驻访内容，不能以统一的方式套用到所有门类的驻访项目之上。同时，不论开展何种门类的艺术家驻访，都应该基于学校实际的各方面条件及需求来进行，不能一概而论。另外，在开展驻访项目时，每个高校都应充分考虑自身的资源、硬件、人员、诉求等，发挥优势，突出特色，不能追求大而全的驻访门类及方式。

（三）国内高校国际艺术家驻访项目的发展状况

（1）国际艺术家驻访项目在国内起步较晚，高校中的驻访项目更是不多见。究其原因，是多方面的，但主要是人员及观念的原因。一方面，由于专业差异，高校的美术类师资外语水平整体不高，具有留学背景的专业教师比例相对有限；这既直接造成了开展国际驻访的语言障碍，也间接导致了可联系的外国艺术家资源缺乏。由于艺术家驻访是发端于欧美的一种国际艺术交流方式，国内的多数美术教育从业者对于驻访的了解不多，也就无从发起和组织驻访项目。

另一方面，开展高校国际艺术家驻访需要专人负责，并伴随有大量繁复的工作需要团队合作完成。但是，大多数高校没有设置负责美术类国际交流的专门岗位，更缺乏相应的人员团队。这就意味着发起、组织国际艺术家驻访项目的负责人，需要义务投入大量精力，在通过努力争取单位支持的同时，还需要通过各种方式发动师生积极参与驻访工作，努力搭建相对稳定的工作团队，持续牺牲大量的业余时间，不计较得失。唯有如此，国际驻访项目在高校中才有建立的可能性。

因此，人员的因素是高校国际艺术家驻访项目发展的决定性因素。只要拥有了至少一名同时具备国际视野、外语能力和奉献精神的负责人，开展国际艺术家驻访项目就有了可能性，其他的问题就都可以迎刃而解。有了这个条件，在有需要的情况下，任何高校都可以开展不同层次和不同规模的驻访项目。

（2）国内已有的高校国际艺术家驻访项目多开展于独立设置的美术专业院校，并集中于经济发达地区，综合性大学和欠发达地区高校的驻访项目比较罕见。国内高校已开展的驻访项目，相对缺乏持续性和稳定性，即：未形成长期有效的驻访体系，多数驻访项目具有临时性、偶发性的特点。且不论国际性，仅从高校艺术家驻访项目来看，目前比较成体系的仅有：四川美术学院青年艺术家驻留计划、长沙师范学院潇湘国际艺术家驻访项目等少数几个。其中，四川美术学院青年艺术家驻留计划从 2013 年开始运营，是一项全公益的青年艺术家扶持计划。它面向全世界所有艺术类高校毕业生以及未受过学院教育的艺术青年开放，以一年为一期，每年 5 月面向全球招募。该项目已经资助了来自英国、德国等国家和地区以及国内十余所高校的近百名艺术类毕业生。

由高校之外的艺术机构开展的国际驻访项目相对更多，成熟的有深圳观澜版画原创产业基地的驻访项目、北京虚苑版画国际艺术家驻访项目、长沙前行美术馆 · 五八小镇国际艺术家驻留项目、北京红门国际艺术驻地项目等。艺术机构举办的驻访项目，虽然不是由高校主导，但很多项目也与高校之间有着密切联系和交流。

（四）高校国际艺术家驻访项目的实施方式

（1）创作型的驻访：以创作作品为最主要目的，有时应主办方要求而举行少量学术讲座或工作坊，举办个人作品展等。创作型驻访的艺术家，往往需要自己承担往返机票、日常餐饮等费用。创作所需的常规材料，多数由驻访机构提供，但非常规材料或超出一定数量的材料由艺术家本人购买。按惯例，创作型的驻访艺术家需要在工作日按时进入工作室，保证每日的工作时长，并确保在驻访周期内完成一定数量的作品。其中，作品中的一定比例由驻访机构（高校）免费留存，其余作品可以由艺术家本人带走，归艺术家个人所有。机构留存的作品比例及要求应在驻访征集函中写明，或提前与艺术家协商确定。由于每位艺术家的创作门类、难度、速度等都不一样，留存比例也不能一概而论，应在形成惯例的同时，充分尊重艺术家本人的意愿。

创作型驻访是国际艺术家驻访项目中的重要形式，但对于高校而言，单纯的创作型驻访显然是不够的，应适当增加创作之余的讲座、教学、展览等比重，从而确保驻访过程对于学科及专业建设的实际作用。也就是说，应让驻访艺术家的创作过程及结果起到更多的辐射作用，而不仅仅局限于工作室的有限空间之中。相对而言，创作型驻访在高校之外的驻访机构中才更是主流。

虚苑版画工作室（印制台湾艺术家刘国松作品现场）

（2）教学型的驻访：教学型的驻访，以教学为主要目的，但同样伴随创作的内容。因教学任务的不同，以及每位艺术家各自不同的驻访目标及勤奋程度，驻访中“创作”所占的比重各不相同。但艺术家驻访项目不同于一般的国际教学项目，几乎没有单纯只做教学的驻访，“创作”始终是驻访的必备内容，不论比重占多大。

作为以教学为最主要任务的机构，教学型驻访是高校最重视和欢迎的一种驻访形式。驻访机构应针对实际教学需要，科学地安排好驻访艺术家的教学任务，确保艺术家在完成教学的同时拥有充分的创作和自由时间，并满足其创作所需的各种专业条件，从而，在直接推动教学的同时，不影响机构对艺术家的吸引力。

针对教学型的驻访，高校一般会为艺术家提供往返机票、住宿、日常餐饮等相关费用。同时，根据每个学校的不同标准、艺术家的不同身份、讲授的课时数量等，高校会支付给艺术家一定数额的教学酬劳。艺术家在教学型驻访期间创作的作品，一般不需要留给驻访机构免费收藏；机构如有明确的收藏意愿，可与艺术家商议达成捐赠或购买协定。教学型驻访往往还要求艺术家在驻访期间举办教学汇报展及个人作品展，作为对驻访的总结。

2015 年 11 月保罗 · 克罗夫特在长沙师范学院的教学现场

（3）项目型驻访：项目型驻访是基于高校平台的某一特定经费资助项目（包括创作、教学、展览或国际交流等各类专项经费）所开展的一种驻访。项目来源包括高校自行设立的项目和向有关部门申请的各类资助项目等。项目型驻访的艺术家，其驻访产生的各种费用一般都从相关项目经费中开支；但开支的标准及方式需根据项目申报时的经费预算及政策标准执行。项目型驻访的实施过程也应严格按照项目申报时拟定的计划来进行。如果所属项目为教学类项目，则驻访的主要内容为教学；如所属项目为创作类项目，则驻访的主要内容为作品创作；如所属项目为展览类项目，则驻访的主要内容为展览策划与组织；其他类型的项目，依此类推。项目型驻访的优势在于经费有保障，实施有计划，目标很明确。但与此同时，项目型驻访的不足也很明显，如实施过程的灵活性不强，实施环节的管理比较严格等，这与部分艺术家的工作习惯存在差异。

（4）短期访问型的驻访：短期访问型的驻访，一般指的是周期在一周以内的驻访。这种驻访往往是由高校临时邀请艺术家，以进行短期的讲

2015 年 3 月李如（泰国）在长沙师范学院的工作坊现场

学、交流、工作坊等为目的。短期访问型驻访往往是针对学术声望较高的、有较大影响的艺术家。这种驻访形式往往基于艺术家来华参加学术会议或举办展览的契机，是一种建立在其他事由基础上的顺便驻访。短期访问型驻访往往是临时的、随机的，往往是由于艺术家出于别的原因已经来到国内，因此，驻访机构一般不需要承担高昂的往返国际航班费用，但需要承担艺术家的部分国内交通费，以及住宿、餐饮、讲座等驻访期间的常规费用。由于时间短，能开展的驻访内容一般只包括学术讲座、工作坊、座谈等。有些创作速度快的艺术家，还可在驻访期内完成少量作品的创作。艺术家在短期驻访期间一般不需要举办展览。

（五）高校国际艺术家驻访项目的投入与效益分析

（1）投入：总体来看，高校国际艺术家驻访项目的投入并不高，且开展的形式非常灵活。不同类型的驻访，其投入的方式也各不相同。高校可根据各自不同的经济状况、资费标准等，决定投入的多少。驻访项目的投入主要包括艺术家的交通、食宿、材料、酬劳、展览等相关费用。不同机构的驻访条件与投入千差万别，有的高校仅提供工作场所和基本材料，有的高校则承担艺术家驻访期间的全部开支。如：四川美术学院的驻留计划不仅为每位艺术家提供免费的工作室，同时，给每位艺术家发放1000元创作费。观澜国际版画原创产业基地的驻访项目则为艺术家提供免费的食宿、专业材料、版画技师和工作空间。

对于经济条件不够强的高校而言，投入是首先被考虑的问题。艺术家驻访项目开展方式的灵活性，使得其投入的形式也可以极具灵活性。无法保证充足经济投入的地方高校，特别是偏远地区的综合性院校，应在充分发挥自身已有硬件条件和人员优势的同时，深入挖掘地方文化资源，选择适应各自综合条件的驻访模式。在实施过程中，在节约开支的同时，以特色的文化资源、周到的人员服务、丰富的周末行程等加强各自驻访项目的吸引力。

（2）效益：国际交流，作为高校的五大职能之一，其重要性不言而喻。然而，由于地域及实力差异，开展国际交流的实际水平千差万别。特别是对于地方性普通本科院校而言，国际交流的项目数量及层次都是相对有限的；由于经费及人员条件等原因，这些院校的美术类国际交流开展具有更大的难度。国际艺术家驻访项目，因其极为广泛的适应性，将为国内各高校，特别是为实力相对落后的地方性院校，打开一扇交流的大门，为美术类学科的国际交流提供无限的契机与可能性。对于高校而言，艺术家驻访项目的效益是多方面的。

A. 拓展学术视野：通过开展国际艺术家驻访，可以将一些国外的优秀专业知识、先进艺术创作及教育理念带进来。通过邀请驻访艺术家承担或参与教学、开展学术讲座、进行技法演示、举办作品展览等，将这些知识、理念传递给高校师生。持续开展驻访项目，可以不断开拓所在高校师生的学术视野，提升高校整体的艺术素养和教学思维。对学术视野的拓

2014 年 10 月长沙师范学院罗湘科教授在英国亚伯大学讲学现场

展，不仅仅体现在艺术家驻访的直接效果，也体现在基于驻访的“走出去”。纵向来看，驻访项目积攒的各种国际艺术家资源，会带给高校师生各类“走出去”展览、讲学、交流的机会，这些机会将进一步延展师生的学术格局。横向来看，国际艺术家驻访项目的开展，不仅仅造福所在高校的相关人员，还可以为高校所在地域及兄弟院校带来比较广阔的学术辐射。

B. 优化师资结构：通过开展驻访项目，可以吸引一些优秀的外国艺术家来校，其中，部分艺术家本身就是高校教师。邀请驻访艺术家承担或参与教学，可以在一定程度上刺激和优化原有教学结构。根据实际研究方向及职业情况，驻访艺术家承担或参与教学也有多种方式。可以由艺术家直接承担人才培养方案中规定的必修或选修课程，也可以针对艺术家的研究方向与学生发展的实际需要增设个性化的专门课程，还可开设面向教师开展高级研修型课程，或面向非美术专业学生开展美术素养型课程。在条件允许的情况下，也可以把艺术家任教的课程建设成为在线资源共享优质课程，使更多的人员受益，也使驻访项目的效能得到更大的发挥。

通过聘请驻访艺术家担任客座教授等，可以与艺术家之间建立长期的教学合作关系，使他们成为高校原有师资的补充。驻访艺术家的聘用方式也有很多种，可以根据实际情况进行灵活的聘用。首先，在符合政策和条件的情况下，可以通过签订正式的聘用合同，使驻访艺术家成为师资队伍的正式成员，在规定的较长时间里（1 年以上）承担正式的教学任务；其次，可以通过颁发聘书等方式，使驻访艺术家成为外聘教师队伍的成员，不定期承担一定的教学任务；此外，更多的情况下，驻访艺术家的驻访时间及周期具有很大的偶然性，承担及参与教学工作的意愿与能力也各不相同，因此，可根据实际需要及条件灵活聘用，合理安排常规教学任务之外的临时课程教学。

总之，国际艺术家驻访项目可以在一定程度上达到优化师资结构的效果。通过对教学工作的实际参与，驻访艺术家会将一些先进的教学理念及方法带进来，从而推动教学改革。

C. 提升艺术氛围：通过开展驻访项目，不定期举办外国艺术家学术讲座，举行艺术家个人作品展，策划和组织高水准的国际艺术作品联展、研讨会、论坛等学术活动，可以提升高校的整体艺术氛围，优化学术生态。通过与外国艺术家之间的持续交流，可以在一定程度上激发美术类专业师生的艺术创作热情，提高创作水平。同时，对于非美术专业的其他师生而言，艺术家驻访项目的开展，将起到润物细无声的效果；它有助于提升所在高校人员的整体艺术素养，对于全员“美育”具有良好的促进作用。

D. 拓展学术资源：通过开展国际艺术家驻访项目，与艺术家之间建立长效的学术联系，进而与相关外国高校及学术机构之间建立合作关系，为学科发展和专业建设拓展学术资源，为师资培养和联合办学打造优质平台。通过建立驻访艺术家专业资料库，对他们的作品图片、艺术手法、技术方式等进行收集、研究、整理，为相关课程教学与专业研究等工作的开展补充学科资源。通过与驻访艺术家的长期联系，广泛收集各类国际展览、研讨会、论坛等学术活动信息，了解各种国际艺术网站、刊物等专业媒体，及时掌握最新的艺术资讯与走向，拓展学术资源。

E. 提高学术影响：国际艺术家驻访，可以提升高校美术学科的国际交流水平，实现国际交流的真正常态化和多样化，从而在一定程度上提升高校在国内外的学术影响力和知名度。横向比较而言，开展国际艺术家驻访项目的高校，往往比未开展国际艺术家驻访的高校具有更好的国际美术交流资源和效果。具体而言，基于国际艺术家驻访所开展和参与的各种大型国际学术活动，对于提升高校的学术影响力具有立竿见影的效果。驻访项目的实施，有利于提升高校师生参与各类国际展览及学术活动的热情，为师生在国际舞台展示各自的创作及教学成果提供更多的契机，使他们敢于走出去，进而有助于提升高校的整体国际影响力。

（六）实施高校国际艺术家驻访项目的注意事项

（1）学术性：高校艺术家驻访，其最重要的目的在于对学科建设与专业发展的推动。因此，驻访艺术家的选择及驻访内容的确定都应具有较高的学术性。选择驻访艺术家的时候，应充分考虑艺术家的学术水平、职业背景等因素。应选择职业身份与高校教育相关，创作主题健康向上，艺术理念富有当代性，精神健康，无不良嗜好的艺术家。应选择对中国和中国人民友好，无不良政治倾向的艺术家。应避免商业性和过分功利性的驻访项目，努力确保驻访的有效性和学术性。驻访机构应要求申请驻访的艺术家提供具体可行的驻访计划，并根据学科建设和专业发展的需求及实际条件，提出驻访要求及建议。

（2）安全性：安全性是高校国际艺术家驻访项目至关重要的内容，它包括艺术家本人的安全性与驻访期间各项活动的安全性等多个方面。作为前提，艺术家身体、心理的健康程度，也是选定驻访艺术家时应重点了解和关注的重要方面。艺术家驻访期间的住宿、工作空间、本地交通、饮食等的安全性，都是需要极度关注的重要环节。不论是在日常工作中，还是在外出考察的过程中，都应该把艺术家的身心安全摆在所有工作的首位来对待。具体到工作室的设备安全，住房的门窗、电器安全，外出过程中的乘车安全，日常的食品、饮水安全，创作材料的使用安全等方方面面的细节，都不能大意。有的艺术家对于创作中所使用材料、工具的安全性有额外的要求，应尽量满足。如：部分艺术家不能接受版画创作中的工业印刷油墨和清洗用的松节油，而是要求使用植物性的环保油墨和大豆油脂进行印刷和清洗。

国际驻访的艺术家都是国外人员，一般对驻访当地的环境不了解，且多数不懂汉语，因此，为安全起见，驻访机构对艺术家的外出应有严格规定，并在驻访开始前签订驻访安全协议。一般来说，艺术家在工作日应按计划开展创作及教学等驻访的工作，不允许私自外出，仅允许在工作室及高校周边范围活动。周末外出活动期间，原则上应有师生陪同，避免因沟通不畅等原因造成不必要的误会及伤害。驻访期间，如艺术家由于特殊原因确实需要独自远行，且需暂时离开驻访所在城市的，需要向驻访机构提出书面申请，承诺外出期间的安全责任自负，并得到驻访机构的许可后方能外出。

（3）灵活性：由于不同艺术家的具体情况千差万别，每个艺术家的需求、文化背景、专业方向、特点各不相同，每个驻访机构的条件及需求也都不一样，为了更加稳定和持久地开展驻访项目，高校国际艺术家驻访的灵活性同样重要。首先，驻访时间、周期可以具有一定的灵活性。一般的驻访周期往往以周为单位，常见的以 4 周（一个月）为一个驻访周期。但在实际的运营中，有的艺术家会有将驻访周期延长至 2~3 个月的意向，有的艺术家则只能接受 2~3 周的驻访时间。在选择艺术家的时候，驻访周期的长短可以灵活对待，不作为重要因素来考虑。对艺术家的年龄层次、学术背景和职业身份也不应以单一标准过于苛刻要求，而应根据各方面的具体情况综合权衡、考虑，选择驻访艺术家。同时，基于各自的不同需求，每一个高校驻访项目的关注点会各有侧重，如：四川美术学院的驻访项目主要针对刚刚毕业的青年艺术家，且主要面向国内艺术家；长沙师范学院的驻访项目重点面向有高校教育教学经验的成熟艺术家，且主要面向国外艺术家。

（4）严谨性：在高校国际艺术家驻访项目的实施过程中，从基本的驻访方案制定，每年的驻访规划，到每位艺术家的驻访计划审核、调整与落实，都应该力求严谨。项目实施的各个流程都应该精心设计，认真规划，力求衔接流畅，环环相扣。驻访的全部实施过程，都应该持续记录、科学归档。过程记录不应仅仅停留于驻访项目各环节的表层，而应深度记录项目实施的整个过程，记录各环节中的各类细节，系统整理，合理归档，认真研究，持续改进。过程记录的方式包括图片、影像、文字等多种维度，既包括客观的流程记录，也应该包括有针对性的访谈、问卷等。

对于驻访项目实施过程中艺术家留下的工作痕迹，如：创作草图、教案、教学笔记、讲座文稿、讲义等各类原始资料，也应妥善留存和归档。应制定科学、翔实的驻访记录表，记录艺术家创作、教学等工作中使用的材料、技术细节等。只有通过严谨的规划与记录，每一个驻访项目才能形成一个可供研究的艺术家创作及教学案例，进而积累成具有文献价值的资料库体系，对教学、科研产生实际的价值。新墨西哥大学的塔玛琳德学院，被誉为全世界石版画家的圣地，其艺术家驻访项目已有近 60 年的历史。塔玛琳德学院拥有包括艺术硕士、印刷大师课程、暑期工作访三种持续的人才培养并行模式，并拥有广泛而科学的艺术家驻访创作体系，在全世界石版画艺术领域享有极高的声誉。

新墨西哥大学塔玛琳德学院的资料室

塔玛琳德学院的学习与驻访资料室，保留有其成立以来完整、翔实的所有学习及驻访记录。其驻访表格涵盖艺术家创作细节的所有技术参数，具体到纸张的规格、品牌、张数，油墨的品牌、调制比例、色样等。同时，作为教学单位，其培养的所有毕业生的研究成果、笔记、文稿等全部有完整备份留存。这些详细的记录，构成了一个不断积累而成的庞大专业知识宝库。其驻访作品留存体系，同样极为系统而傲人。

（七）推广高校国际艺术家驻访项目的设想

湖南省高校美术类学科的相关国际交流总体不多，一方面，国际交流的深度和广度也显得不够，具有很大的发展空间；另一方面，高校国际艺术家驻访项目在国内的开展并不多见，在湖南省高校中开展驻访项目的仅有长沙师范学院的潇湘国际版画艺术中心（又称潇湘国际艺术家驻访中心）。推广国际驻访项目，对于提升省内高校美术国际交流的水平，进一步激活高校美术创作与教育的氛围，优化学术环境，将产生立竿见影的效果。

潇湘国际版画艺术中心建于 2013 年的第 1 个版画工作室

（1）打造省级高校示范性驻访机构

多数省内高校对于国际艺术家驻访项目的运营模式、投入规模、实施效益等并不了解，同时，缺乏开展驻访所需要的关键性人员配备，因此，建立具有引领作用的高校示范性驻访机构很有必要。示范性驻访机构的建立，将为省内高校提供可资借鉴的国际艺术家驻访运营模式，并对湖南省内高校的美术国际交流产生引领的作用。长沙师范学院的潇湘国际版画艺术中心于2013年建立，2014年开始运营，是省内高校中第一个国际艺术家驻访中心，在省内最早开展国际驻访项目，先后实施艺术家驻访二十余人次，外国艺术家承担实际教学工作近600课时，举办国际学术讲座近三十余，举行外国艺术家个展十余次，主办国际艺术大展7次，组织师生作品及湖南艺术家作品赴英、美、法等国展出5次等，在国内外产生了一定的学术影响。基于以上原因，将长沙师范学院潇湘国际版画艺术中心打造成为省级的高校示范性驻访机构，为省内高校提供更加科学、完善的驻访运营模式，为高校培养承担驻访任务的人员团队，并为各高校驻访项目的开启提供实质性的支持与帮助。

（2）整合建立省内高校国际艺术家驻访资源共享平台

为了更好地推动高校国际艺术家驻访，推进国际交流，各高校美术类学科之间可以联合打造省内共享的国际艺术家驻访资源共享平台。这一平台的建立，将整合省内高校的所有国际艺术家资源，共享驻访工作人员的配备及经验，共享展览空间、工作条件、专业设备等，从根本上解决驻访项目开展中关键性的艺术家资源不足等问题，使驻访项目的开展在省内高校中流动起来，将驻访效能最大化，令更多人受益。2014年以来，长沙师范学院潇湘国际艺术家驻访中心开展的驻访项目，不仅对本校的学科建设与专业发展产生了很好的推动作用，同时组织了驻访艺术家在中南大学、湖南科技大学、湖南理工学院等高校开展学术讲座十余次，为省内相关院校的国际交流作出了贡献。长沙师范学院驻访艺术家保罗·克罗夫特与中南大学卢雨教授联合举办的展览，是湖南有史以来第一个国际双人展。中南大学研究生李如（泰国）在长沙师范学院举办的个人作品展及工作坊，也为长沙师范学院师生带来了新的版画技术与异域视觉体验。因此，高校国际艺术家驻访项目的共享与互动，的确是可行而有效的。

2015 潇湘国际版画名家邀请展开幕式现场

2014 年“界——保罗 · 克罗夫特 & 卢雨版画作品展”现场

（3）帮扶偏远地区高校开展国际艺术家驻访项目

总体而言，交通便捷和经济发达地区的高校更易于开展国际交流，实施国际艺术家驻访项目的难度也更低。因此，在推广驻访项目的过程中，综合实力较强的高校在人员、设施设备、工作空间、资金等各方面的投入都不会有难度，稍做准备便可以顺利开展驻访项目。但偏远地区的高校，特别是综合实力偏弱的院校，其开展国际艺术家驻访的难度相对更大。为了使省内的高校国际美术交流得到平衡发展，应对偏远地区高校进行针对性帮扶，特别是在驻访工作人员培训，国外艺术家资源、设施条件共享等方面，应给予充分的支持。既要开展有效的经验分享，还要组织经验丰富的专门人员前往相关高校进行个性化的指导，帮扶建立适应当地经济社会条件及高校实际情况的驻访模式。

总之，为了进一步推广和普及高校国际艺术家驻访项目，使各级各类高校都可以从这种国际交流的有效方式中受益，需要充分整合优势资源，由相关经验丰富的高校牵头，建立示范性的高校驻访项目，打造省级的驻访资源共享平台。通过建立平台，将各高校的人员、硬件、外国艺术家资源、学科优势等实现共享，提升驻访项目的学术水准和吸引力，扶持相对落后地区的高校，建立国际艺术家驻访的高校联动网络，提升全省乃至全国美术学科的国际交流水平。

（八）开展国际艺术家驻访项目的国内外高校案例分析

国内高校中，持续开展系统的国际艺术家驻访项目的机构非常少；部分高校举办了一些临时性的驻留活动；有的高校发起组织的大型国际学术联盟或开展的国际艺术活动，对于驻访项目的开展具有良好的借鉴意义。

1. 国内

（1）西安美术学院国际版画工作室：该项目的开展形式是由西安美术学院定期发起和邀请实施国际版画艺术家工作坊；即由该校定期邀请来自全世

界各地的版画艺术家，进行集中的短期版画学术活动，同时举办工作坊、作品展、学术讲座等。2007 年，西安美术学院版画系杨锋教授发起和组织了首届西安美术学院国际版画工作室，已经陆续举办了四届。2017 年 10 月，第四届中国 · 西安国际版画工作室顺利举行。参加该次工作坊的艺术家有来自阿根廷、澳大利亚、比利时、保加利亚、法国、韩国、新西兰、挪威、波兰、塞尔维亚、英国、美国等国家的艺术院校专家学者，以及来自中央美术学院、中国美术学院、广州美术学院等国内院校的教师代表。

（2）上海大学美术学院：通过聘请国外知名艺术家为特聘教授，承担较长周期的教学或学科建设工作，成立外国名家工作室，开展国际交流展览、学术会议、多层次课程教学等。该校于 2018 年聘请比利时皇家美术学院 Ingrid Ledent 教授为兼职教授，并于 2019 年 1 月挂牌成立“上海美术学院英格里德 · 勒登特石版画工作室”。同期，由英格里德 · 勒登特教授策划和发起了“木刻金石：上海美术学院全国院校版画邀请展”“新石器时代：上海美术学院国际石版画邀请展”，并举办了“木刻金石：上海美术学院国际版画高峰论坛”。在展览和论坛举办期间，该校也开展了一系列的短期工作坊活动，邀请了多名国内外版画家进行现场创作和系列技法演示等。这些学术活动的举办，使上海大学美术学院成了备受关注的国际石版画学术平台与基地。

（3）中央美术学院与国际学院版画联盟：中央美术学院于 2016 年发起成立了“国际学院版画联盟”，共有来自全世界十多个国家的重要专业院校的版画教授、专家参加。2016 年 9 月 26 日，“国际学院版画联盟”大会在北京中央美术学院召开。会议宣布“国际学院版画联盟”正式成立，选举中央美术学院造型学院副院长、版画系主任王华祥教授为首届国际学院版画联盟主席。同时，首届“国际学院版画联盟作品展”于北京太庙开幕。展览由中央美术学院发起，北京市总工会和中央美术学院联合主办，北京太庙艺术馆承办。2018 年 9 月 1 日至 10 月 6 日，“国际学院版画联盟作品第二回展”在景德镇陶溪川美术馆举行。该次展览精选了来自国内外的223件作品，涵盖了中国、俄罗斯、美国、日本、法国、英国、巴西、印度等27个国家和地区的120位艺术家。

2017年保罗·克罗夫特与西安美术学院版画系教师交流

（4）四川美术学院青年艺术家驻留计划：四川美术学院青年艺术家驻留计划，是中国第一个由学院发起的针对广大青年艺术学子的纯公益帮扶计划。从2013年开始正式实施，已进行了七届，资助了来自国内外艺术高校毕业的青年艺术学子217人（次）。该驻留计划旨在鼓励青年艺术家，使他们毕业后能够在艺术领域进行持续的创新实践和深入的学术研究。四川美术学院青年艺术家驻留计划具体针对的是全球高校艺术类各专业毕业生、创作者、青年策展人等。该计划要求申请者年龄在40岁以下、具有中国国籍、暂无全职工作。每期驻留计划群的名额约为30名，驻留周期为10个月。驻留地点为四川美术学院虎溪公社艺术家工作室。该驻留计划为驻留者提供工作室，其中艺术家（约30㎡/人），策展人约20㎡/人；驻留计划还每月为驻留者提供创作补贴1000元/人。入驻者还可申请四川美术学院的学生寝室床位作为驻留期间的住宿。

驻留期间，四川美术学院将通过举办学术沙龙、讲座、交流活动、向艺术机构推荐等形式为驻留艺术家搭建成长平台。驻留策展人可通过提交展览方案和申请，获得纳入四川美术学院美术馆展览计划的机会。被收藏的驻留艺术家作品，将参加四川美术学院美术馆举办的大型驻留艺术家馆藏作品回顾展及巡展。

驻留艺术家将需要与四川美术学院签订驻留计划协议书，接受四川美术学院美术馆日常管理。驻留完成后必须捐赠 1 件驻留期间创作的作品给四川美术学院收藏，若该作品未通过审核，则另选作品进行捐赠审核；青年策展人同样需要在驻留完成后通过综合考核。驻留艺术家及策展人，都将根据协议接受相关考核，若考核不合格，须退回相关资助。

新墨西哥大学塔玛琳德学院暑期工作坊教学现场

四川美术学院青年艺术家驻留计划是国内最成体系和规模的高校艺术家驻访项目，为国内青年艺术家的培养作出了贡献，也为各院校开展艺术家驻访项目提供了很好的范例。但项目面向的是从艺术院校毕业的中国青年艺术家，其目的主要在于对毕业后的青年艺术人才的培养，仅强调教育背景的国际化，并不强调人员的国际化。

2. 国外

塔玛琳德工作室（学院）：

塔玛琳德工作室（或称塔玛琳德学院）是当前全世界最有影响力和知名度的平版画艺术机构，被称为“平版画艺术圣地”，由版画家琼·韦恩在1959年通过申请福特基金会资助，在洛杉矶创立。1970年，该工作室搬迁至新墨西哥州的阿尔伯克基市，成为新墨西哥大学的一部分。塔玛琳德工作室在申请福特基金会资助的时候，琼·韦恩设定的建设意图为：①通过引进一个或多个欧洲平版画印刷大师，在美国创建一个平版画印刷大师人才库；②培养一批风格各异的美国艺术家成为平版画大家；③使艺术家和平版画印刷技师之间习惯于建立合作，使他们在工作中相互配合，相互激发，鼓励他们进行广泛试验，拓展平版画媒介的表达潜力；④寻求平版画艺术的新市场；⑤引导平版画印刷技师实现经济独立；⑥通过创作和积累一系列非同寻常的作品来恢复平版画艺术的声望。在62年的发展历程中，塔玛琳德工作室确实沿着当初琼·韦恩的设想在不断成长，成了最受瞩目的世界平版画艺术殿堂。

新墨西哥大学塔玛琳德学院资料室的完整资料留存

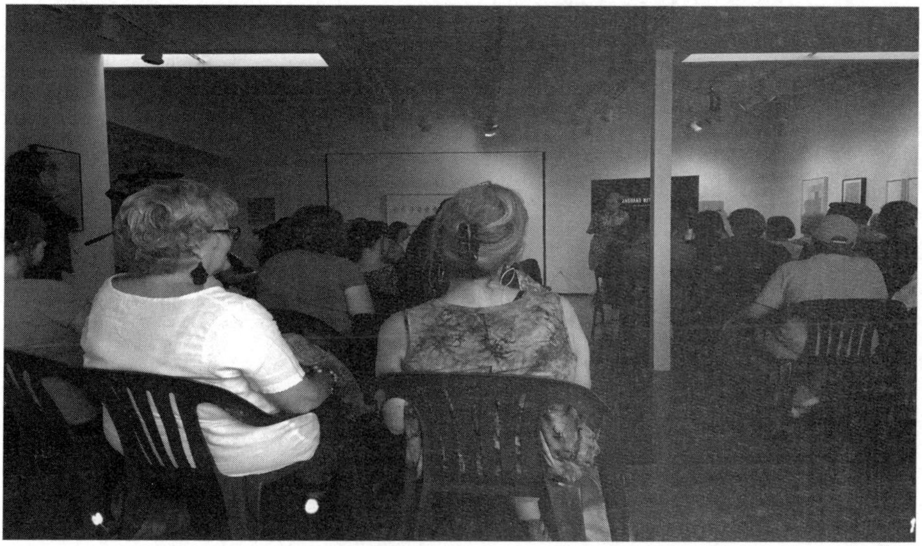

新墨西哥大学塔玛琳德学院驻访艺术家公教活动

塔玛琳德工作室的艺术家驻访项目包括多种形式和维度。①平版画创作：吸引各类艺术家入驻工作室，与工作室内的印刷大师之间合作，进行一段时间的平版画创作。工作室免费为艺术家提供平版画技师、工作空间、设备、材料等，艺术家在驻访期间举办展览及公众讲座等，并将驻访期间创作的作品存留一定的张数给工作室收藏及销售等。1970 年以来，基于塔玛琳德学院与新墨西哥大学之间达成的协议，每一件驻访艺术家所创作的平版画作品，都由新墨西哥大学博物馆购买收藏一张，作为对工作室的资助之一。同一件作品，塔玛琳德工作室也会至少收藏一张，同时，另有数张在工作室的画廊及有合作关系的其他画廊对外销售。②一年制平版画印刷技师培训课程：该课程招收有意向从事平版画印制、创作这一事业的学生，进行为期一年的培训。第一学期是关于平版画各方面知识和技能的训练，然后开展学生之间相互合作的作品印制实践。同时，进行相关平版画业务的介绍。第二学期，与新墨西哥大学艺术硕士生之间的平版画合作印制实践，以及版画艺术史的学习等。③平版画印刷大师课程：对于一年培训课程成绩优异且有申请意向的学生，可以进入第二年的学习，即：

平版画印刷大师课程。第二年的主要学习任务是与来自美国及世界各地的艺术家之间的平版画创作、印制实践，以及平版画艺术及技术研究。

塔玛琳德工作室的运营方式及驻访项目，为全世界平版画艺术机构的建立及驻访项目的开展，提供了很好的范例。

（九）开展国际艺术家驻访项目的国内外艺术机构（非高校）案例分析

1. 国内

（1）观澜版画原创产业基地艺术家入驻计划

观澜版画原创产业基地的艺术家入驻计划是国内最成体系和规模的国际驻访项目，也是全世界最具影响力的国际版画艺术家驻访项目之一。

观澜版画原创产业基地，又称观澜版画村，位于深圳市龙华区观澜大水田社区。2006年开始规划，2008年5月正式开放运营，是由中国美术家协会、深圳市文学艺术界联合会、深圳市龙华区人民政府共同创建的。该基地集版画创作、制作、展示、收藏、交流、研究、培训和市场开发等功能为一体。观澜版画村是在具有300年历史的客家村落基础上改扩建而成的，分为东、西区两大部分，东区有版画工坊、艺术部落，西区为国际艺术家村等。2012年，观澜版画原创产业基地还配套建设了国内唯一的版画专业博物馆——“中国版画博物馆”。从2008年到2021年初，该基地的艺术家入驻计划已累计驻访了来自90多个国家和地区的1000余名艺术家，与130多个国家和地区的艺术家建立了直接联系，举办了各类展览150余个，展出了9000多位艺术家的近两万幅版画作品。其拥有巨大国际影响力的“观澜国际版画双年展”已连续举办了7届，已成为全世界最具影响力的国际版画展览品牌之一。同时，观澜版画原创产业基地所建立的展览品牌还有“中国版画大展”（已举办4届）、中国青年版画展（已举办6届）等，并拥有“观澜论坛”（已举办7届）、国际版画机构联合会会议（已举办5届）等重要的学术品牌。

观澜版画原创产业基地的入驻艺术家采用基地邀请、国内外著名机构或专家推荐等方式。艺术家需填写申请表并提交申请资料，由基地艺术家委员会审核确认。基地还将提前确定艺术家进驻和工作的具体时间及创作数量，艺术家入驻时签订进驻协议。驻访时间原则上是3个月以内，一般为1~2个月，创作2~3幅作品。艺术家每件作品原则上需印制30张（具体数量可商议），并需留8~10张由基地收藏。基地有专人负责拍照、采访、收集、整理艺术家资料，建立艺术家驻访资料档案。版画基地免费提供版画技师等人员服务，免费提供版画印制设备和材料的定量使用，免费提供住宿和用餐服务等。

观澜版画原创产业基地通过艺术家驻访，积累了大量的国际艺术家资源，开展了大量的创作、展览、论坛等艺术活动，对推动国际版画艺术的发展与交流产生了积极的作用，对促进中国当代版画的发展作出了巨大的贡献；其学术影响力辐射到了国内的大多数版画艺术机构和版画家，对各高校版画艺术教育的发展也起到了空前的推动作用。

（2）前行美术馆·58小镇：A+国际艺术家驻留项目

该项目由位于湖南长沙的“前行美术馆”与58集团打造的“58小镇”共同发起，旨在以艺术与新经济的联动，建立国家及地区间艺术家的互访与学术交流，进一步激活地域当代艺术生态。该项目从2018年开始启动，已开展四期。该项目主要针对具有3年以上艺术创作或策展经验的艺术家、策展人或群体，主要面向当代艺术创作领域，且不限制创作媒介。项目面向国内外艺术家征集，由艺术家提交驻留申请表、驻留计划、专业简历、代表作品等进行申请。该项目为驻留艺术家提供交通与创作材料补贴2000元，并提供创作、生活空间（工作室、住宿）、部分餐饮、展厅及人员支持等。创作材料费、生活费、签证费、旅行保险、作品运输费、其他个人花费等，由艺术家自己承担。驻留期间，该项目鼓励艺术家参与城市走访、工作室开放展示、学术讨论、沙龙讲座或相关教育交流活动。在驻留结束之后，项目将为艺术家举办驻留作品展，同时，每位艺术家将留存一件作品给主办机构收藏。

2. 国外：

（1）纽约哈德逊艺术中心国际驻访项目

该项目由华人艺术家郑学武先生发起和创立，是“中国艺术家国际驻访”事业在纽约的国际艺术项目基地，旨在帮助中国艺术家、策展人、艺术院校师生等前往美国进行艺术考察、写生、展览，并参加哈德逊美术家协会及相关艺术机构的各种艺术活动；与该地区艺术家进行交流等。

纽约哈德逊艺术中心国际驻访项目的每个驻访周期为四周，收费标准是四千美元。项目为艺术家提供住宿、机场接送等服务（固定接送机场的时间：每月的 1 号、29 号，任何其他时间需要自行解决）。该项目还将联系画廊、美术馆、博物馆等机构，为艺术家个展及联展创造机会。项目将帮助艺术家深入到纽约当地的艺术生态之中，真正参与到各个层面的艺术活动中去。

该项目费用内的具体驻访内容包括：工作室创作；哈德逊美术家协会所辖画廊的艺术家个展（需提交申请，并视作品质量等情况而定）；纽约哈德逊河谷地区博物馆、艺术中心、画廊的国际联展；艺术家工作室开放活动或学术讲座；每年一届的当地工作室开放展、风景写生艺术节、亚洲裔艺术家展览等。“艺术之旅”项目，根据艺术家类型有选择地参观：美国大都会博物馆、古根海姆博物馆、美国现代艺术博物馆、瓦萨尔学院博物馆、“奥拉那”哈德逊画派博物馆、迪亚比肯现代美术馆、纽约州立大学博物馆等。其他收费内容包括：罗森·戴尔版画、手工纸特别驻访项目；内布拉斯卡户外创作特别驻访项目（自费项目，艺术家自行选择）；加入哈德逊美术家协会及协会举办的各类艺术活动。

（十）XIPC 国际艺术家驻访项目的艺术家个案分析

1. 教学型驻访：

（1）保罗·克罗夫特：

保罗·克罗夫特（Paul Croft），英国著名石版画家，任教于英国亚伯大学。保罗是英国皇家版画家协会会员，毕业于英国爱丁堡艺术学院、美国新墨西哥大学塔玛琳德学院。保罗·克罗夫特编写的《石版画技法》教材，于2004年被何清新、傅俊山翻译成中文，由吉林美术出版社出版。该教材，是国内最早的石版画技术教程译著之一，对于国内的石版画教学曾产生了一定的作用。

保罗·克罗夫特早年曾任教于爱丁堡艺术学院，担任著名版画家大卫·巴克先生的助教。我的导师，中国著名石版画家靳保平先生曾留学于爱丁堡艺术学院，并跟随大卫·巴克先生学习版画，也曾同期受教于保罗·克罗夫特。2011年，保罗受香港邀请，在香港版画工作室举办工作坊。时任深圳大学教授靳保平带领包括我在内的研究生数人前往香港参加保罗的工作坊活动。期间，我与保罗相识，并保持了长时间的邮件联系。这为后来长沙师范学院的潇湘国际版画艺术中心（Xiaoxiang International Printmaking Centre，简称XIPC）系列驻访及学术活动埋下了伏笔。艺术家驻访项目的开展，就像编织一张国际学术交流的网。开展的时间越长，开展的项目越多，国际交流的网络就越大，越发充满无限的可能性。但驻访的开始就如同编织的起点，第一个点的产生会引出无数的后续可能性，环环相扣。

2013年1月，长沙师范学院罗湘科教授与中南大学卢雨教授在“湘高速杯——湖南版画艺术作品展”开幕研讨中，提出策划、举办国际版画交流展的意见，得到了普遍认同。通过与包括保罗·克罗夫特在内多位国外艺术家联系，逐步形成了举办“界——保罗·克罗夫特 & 卢雨双个展”

“2014 湖南（国际）青年版画家作品展”的计划。2013 年底至 2014 年 3 月，展览的作品征集及筹备基本完成。2014 年 4 月，两个展览顺利举办，保罗·克罗夫特先生来到长沙，出席了展览的开幕活动，并成为长沙师范学院 XIPC 的首位入驻艺术家，开启了 XIPC 的国际艺术家驻访项目。

2014 湖南（国际）青年版画家作品展开幕现场

在完成第一次驻访之后，保罗·克罗夫特与 XIPC 合作，开始策划和组织长沙师范学院师生作品展暨湖南版画赴英国巡展。展览于 2014 年 10 月在英国亚伯大学美术馆成功开幕。从 2014 年 10 月开始，保罗与长沙师范学院罗湘科教授开始联合策划和组织“2015 潇湘国际版画名家邀请展”，展览于一年之后的 2015 年 11 月在长沙美仑美术馆开幕。同时，在 2015 年，长沙师范学院申请获批了湖南省 2015—2016 年度“海外名师”项目，获批的两位海外名师为保罗·克罗夫特和英国亚裔艺术家何文津（何文津是由保罗·克罗夫特推荐的艺术家）。

2015 年 10 月，保罗·克罗夫特受湖南省“海外名师”项目资助，前来长沙师范学院进行教学、讲座和展览。基于美术学专业的实际需要和自己的研究方向，保罗开设了针对 2014 级美术学专业的相关课程，为期一个月。在驻访期间，根据海外名师项目的要求，保罗还针对长沙师范学院、中南大学、湖南科技大学三所高校的师生开展了多场学术讲座。在项目结束阶段，保罗·克罗夫特先生还举办了个人作品展暨教学成果展，作为项目的汇报。由于该项目的开展情况很好，成绩突出，保罗·克罗夫特与何文津再次获批湖南省 2016—2017 年度“海外名师”项目立项。

2017 年 4 月，保罗·克罗夫特受“海外名师”项目再次资助，第三次来到长沙师范学院 XIPC，进行教学、讲座、展览等。除了为期一个月的教学任务之外，保罗在湖南科技大学、湖南理工学院、长沙师范学院举办学术巡讲共计 4 场；在纸本艺术馆举办版画公教活动 1 场。4 月底，保罗的教学成果展览如期举办，得到了各方好评。三次驻访期间，保罗·克罗夫特先生还利用周末的时间，前往邵阳滩头木版年画基地、岳麓书院等进行了多次湖南本土文化考察，并与湖南艺术家及非遗传承人等进行了深入的交流。

2014 年保罗·克罗夫特在长沙师范学院的教学现场

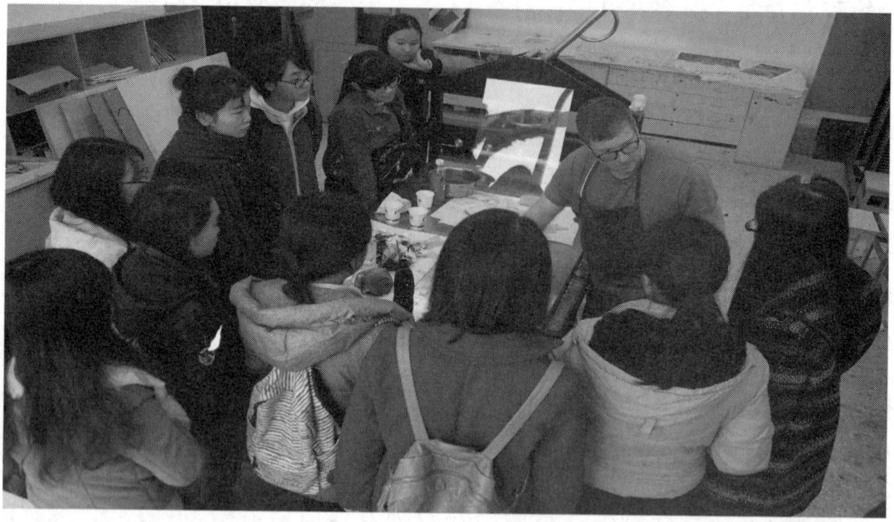

2015 年保罗 · 克罗夫特在长沙师范学院的教学现场

2015 年保罗 · 克罗夫特在长沙师范学院的讲座现场

2019 年，保罗 · 克罗夫特先生联合 XIPC，申请了第 11 届 IMPACT 国际版画大会的研讨单元。2020 年，因疫情的关系，第 11 届 IMPACT 国际版画大会延迟举行。2021 年 4 月，第 11 届 IMPACT 国际版画大会在香港举行，由于疫情，多数代表在线参会。保罗·克罗夫特通过视频在线演讲的形式，向全世界的参会专家介绍了他三次到长沙师范学院的驻访经历，以及长沙师范学院与亚伯大学之间开展的系列合作。

2017 年保罗·克罗夫特考察湖南滩头木版年画基地

2017 年何文津在湖南科技大学讲座现场

（2）何文津：

何文津（Wuon Gean Ho）女士，著名英国亚裔艺术家，英国 *Printmak-*

ing Today 杂志编辑，曾任东伦敦版画工作室主任，毕业于剑桥大学。何文津的创作领域包括版画、艺术家手工书、动画、设计等，受英国皇家造币厂委托设计了多款生肖纪念币，曾被中央电视台采访和报道。

2016 年 1 月，由保罗 · 克罗夫特推荐，受湖南省“海外名师”项目资助，何文津第一次来到长沙师范学院 XIPC 进行驻访，承担动画专业的相关课程教学。在驻访期间，她还创作了一些版画作品，并举办了个人作品展及教学成果展。同时，根据海外名师项目的要求，她还在中南大学、湖南科技大学、长沙师范学院举办了多场学术讲座，在远大 P8 星球举行了作品分享会等。

通过教学，何文津带领长沙师范学院动画专业的部分学生，辅助完成实验动画短片一部。该片是湖南首部以版画为媒介的实验动画作品，获得了国内知名动画大赛入围奖。正因为何文津女士教学成果突出，再次获批了湖南省 2016—2017 年度“海外名师”项目。

2017 年英国艺术家何文津在长沙师范学院教学现场

2017 年 4 月，何文津女士再次来到长沙师范学院，为美术学专业学生任教“艺术家手工书”等相关课程。同时，再次举行了个人作品展、教学展、巡回学术讲座等，取得了可观的教学成绩和影响力。

（3）蒂昂·哈若图能

蒂昂·哈若图能（Dionne）曾任美国西雅图版画协会的主席，是美国瑞士裔著名版画家。蒂昂曾经作为首批受邀的艺术家，入驻深圳观澜版画原创产业基地。

2010 年 7 月，笔者在美国奥林匹亚市三叶虫版画工作室学习期间，曾经艺术家介绍，造访了位于西雅图的蒂昂工作室。2014 年 5 月，蒂昂欣然受邀来到长沙师范学院 XIPC 驻访，为 2012 级美术教育专业承担版画课程的教学，为期一个月。蒂昂是 XIPC 首位接受长期教学任务的国外艺术家，她的专业热情及生活态度感染了听课的每一位学生。蒂昂在完成教学任务的同时，利用课余时间，完成了 3 件大尺幅的木刻版画作品创作，以其过人的勤奋带动了相关师生的创作积极性。驻访期间，蒂昂举行了规模较大的学术讲座，听讲人数超过 200 人。在驻访尾声的时候，蒂昂也举办了颇受好评的教学成果展及个人版画展。2014 年 10 月，在亚伯大学举办的“长沙师范学院师生作品展暨湖南版画赴英国巡展”中，很多学生作品就来自蒂昂教学的成果。由于蒂昂的教学成果及个人作品广受欢迎，长沙师范学院 XIPC 于 2015 年再次邀请了她。同时，经她推荐，我们还邀请了美国加州艺术学院的露兹·路易丝（Luz Ruiz）教授。

2015 年蒂昂·哈若图能在长沙师范学院教学现场

2015 年 11 月，蒂昂再次来到长沙师范学院，进行教学和创作。与她同时来到的还有露兹·路易丝教授。两名艺术家采用合作教学的方式进行授课，教学内容包括套色木刻、纸版漏印等版画课程内容。两人的教学深受学生的喜爱，并取得了很好的教学效果。驻访期间，两名艺术家在长沙师范学院举行了多次学术讲座，并在长师北校区美术馆举行了双个展、教学成果展等。

2015 年露兹·路易丝在长沙师范学院教学现场

2015 年露兹·路易丝在长沙师范学院讲座现场

（4）恩迪·珀斯科维奇

恩迪·珀斯科维奇（Endi Poskovic）是国际著名木版画家，美国密歇根大学教授。曾来到中国美术学院、中央美术学院、深圳观澜版画原创产业基地等机构教学、讲座、展览和交流。2017 年 5 月，恩迪受邀来到长沙师范学院 XIPC 驻访，为美术学专业部分学生开设木版画课程。期间，举办学术讲座 1 次。恩迪·珀斯科维奇教授驻访期间，将其创作的特殊技术与新理念带进了课堂，使学生对于激光雕刻等技术在版画创作中的运用进行了深入了解。恩迪的画面符号化语言，形式感处理方式，透明色运用技巧等，给学生的版画学习带来了诸多裨益。

同时，与长沙师范学院美术动画系主任罗湘科联合举办双个展。2017 年 6 月 16 日，不是“东”“西”——罗湘科与恩迪·珀斯科维奇双个展，在百年历史文物建筑裕湘纱厂文化艺术中心举办。展览由国际学院版画联盟、湖南省美术家协会主办，湖南省美术家协会版画艺术委员会等承办。这是 XIPC 首次以双个展的形式，比较呈现驻访艺术家与本校教师的艺术面貌。

2017 年恩迪·珀斯科维奇在长沙师范学院教学现场

2. 创作型驻访

(1) 利兹·萝丝

利兹·萝丝（Liz Roth），美国艺术家，俄克拉荷马州立大学教授。2013年，经由美国艺术家芭芭拉·皮茨（Barbara Pitts）介绍，长沙师范学院美术动画系曾邀请利兹参加“2014 湖南（国际）青年版画家作品展”。

2016 年 5 月 10 日，经过申请和审核，利兹抵达长沙，开始了她在 XIPC 的第一次驻访，为期一个月。在驻访期间，她完成了一系列非常迷人的风景题材丝网版画创作。利兹的作品是对自己的生活经历及环境的回应。作品的图像素材，或者来自日常生活，或者来自旅行的过程等。2016年，利兹的创作集中于对受到石油开采影响的俄克拉荷马州风景的表现，虽然最终的画面是优美而富有装饰性的，但其观念是清晰可见的。2016 年驻访期间，利兹还举办了 1 次个人作品展，并举行了 1 次学术讲座。利兹的工作方法和习惯是非常理性而极为独特的，她为自己驻访期间的每一天制定了详细安排表。在创作过程中，她会一步步严格按照计划，从草图开始，然后绘制色彩小稿、菲林片、调制丙烯颜色，到最终签名完成，一切都在计划中进行。她的这种极为严谨的、教科书式的工作流程，对参加驻访相关工作的师生影响颇深。在她的个展中，完整呈现了每一件驻访作品的所有实施阶段，令观展的师生深受震撼。

2018 年 5 月，经申请，利兹再次来到 XIPC，并推荐了威斯康星大学白水分校的麦克斯·怀特（Max White）教授同期驻访。一个多月时间里，利兹再次完成了一批优美的风景丝网版画。麦克斯则完成了一批漂亮的装饰性花卉版画作品。2018 年，二人的驻访都是纯粹的创作型驻访，没有举办讲座和展览，但与师生之间开展了多次非正式的学术交流。2019 年 10 月，利兹再次申请来到 XIPC 驻访，也是时间最长的一次，为期两个月。第三次驻访期间，利兹完成的作品源自她前往河西走廊进行文化考察积累的素材，作品中表现了她对于中国文化和风土人情的热爱。

2016 年利兹 · 萝丝在长沙师范学院 XIPC 创作现场

2016 年利兹 · 萝丝在长沙师范学院的个展现场

2019 年 11 月，利兹结束第三次驻访之后，曾多次表示想再次来 XIPC 驻访，但因为 2020 年以来的世界性疫情，至今无法实现。由于对 XIPC 工作态度及专业性的认可，利兹还曾提出与长沙师范学院 XIPC 的丝网版画技师（实验员）唐剑峰老师进行远程合作的意向。利兹是长沙师范学院XIPC驻访项目运行以来，主动申请和驻访次数最多的艺术家。她三次驻访的往返机票、日常生活费用、本地交通费用都几乎是全部自付的。作为驻访机构，长沙师范学院XIPC仅为她提供了免费的公寓住宿、创作材料、技师等基础性支持。

（2）西蒙·科刚：

西蒙·科刚（Simon Kogan），美国著名雕塑家，全美雕塑协会委员。公共雕塑作品被美国国家意第绪语图书中心、莫斯科历史人物博物馆、华盛顿州政府等采用。多次举办个展，并曾在多个高校及相关机构任教。

2014年5月，西蒙受邀来到长沙师范学院驻访，为2013级美术教育专业进行泥塑教学，为期一个月。西蒙·科刚以其极为娴熟的雕塑技巧，幽默而热情的性格，丰富的教学经验，受到广大师生的欢迎。通过一系列精到、快速的泥塑示范，令所有学生颇受启发和震撼。同时，西蒙还与长沙师范学院美术动画系的师生进行了广泛的交流，交流之余，完成了一批以长师美术教师为对象的肖像雕塑。2014年5月的驻访完成之后，西蒙举办了以驻访期间创作的肖像雕塑为主体的个人作品展，同时举办了以学生作品为主体的教学成果展。

2017年11月，西蒙再次受邀来到长沙师范学院驻访。该次驻访以创作为主，同时开展了针对美术学专业的学术讲座1次，参加了长沙师范学院第一届水渡河国际艺术节的策划，并与长沙师范学院罗湘科教授举办了“在不期待中永恒 & 另类的呼吸——西蒙、罗湘科双个展”。2018年9月，西蒙第三次受邀来到驻访，该次驻访同样以创作为主。期间，西蒙完成了一批以长沙师范学院杰出校友为素材的肖像雕塑作品，如今成了长沙师范学院美术与设计学院环境育人系列作品的一部分。此外，驻访期间西蒙还完成了一批以中国水墨材料为手段的绘画作品，并为参加第三届全国城乡小学美术教研论坛的老师举行了学术讲座一次。该次驻访的时间跨度达到了近 3 个月，在驻访结束之际，西蒙与罗湘科教授举办双个展“气味”，对驻访的成果进行汇报展出。2019 年 9 月，西蒙第四次受邀来到长沙师范学院驻访，为期 82 天。该次驻访期间，西蒙完成了长沙县三师（徐特立、杨昌济、张百熙）雕像的创作，并完成了田汉肖像等系列雕塑的创作。同时，他再次参与了长沙师范学院第三届水渡河艺术节的策划，参加了湖南工程学院举办的“第四届木鱼湖艺术展”，还开展了学术讲座一次。作为驻访成果汇报，西蒙与罗湘科教授再次举办“春日阳光”双个展。

2014 年西蒙・科刚在长沙师范学院创作现场

2014 年西蒙・科刚在长沙师范学院讲座现场

西蒙·科刚作为长沙师范学院接待的唯一一个驻访雕塑家，其教学和学术影响是多方面和多维度的。

（3）裴男庆：

裴男庆（Bae Namkyung），韩国首尔大学博士，著名版画家。曾获得云南国际版画双年展铜奖，入选克拉科夫国际版画三年展等重要展览。裴男庆主要的研究领域是综合材料水印版画。

2014 年 12 月，裴男庆博士经申请入驻长沙师范学院 XIPC，成为 XIPC 的首位韩国驻访艺术家，驻访周期为一个月。驻访期间，裴男庆创作了一件超过二十版的综合材料水印版画，举办了“木图·木书——裴男庆个人作品展”。裴男庆为该展览设计印制了专门的画册。在展览开幕期间，裴男庆举行了工作坊，为湖南省美术家协会版画艺术委员会的版画家演示了综合材料水印版画的技术流程。驻访期间，还为 2014 级、2015 级美术学专业部分学生进行了技法演示。

裴男庆的驻访，为湖南的水印版画创作与教学带来了新的可能性。

2016 年韩国艺术家裴男庆在长沙师范学院举行工作坊现场

（4）斯科特·路德维格

斯科特·路德维格（Scott Ludwig）是美国著名版画家，美国北卡州阿巴拉契亚州立大学教授，版画系主任。斯科特的主要研究领域是感光树脂版技术与传统凸版画技术的结合，属于综合版画的范畴。

斯科特·路德维格教授 2015 年申请驻访，2015 年 9 月底，他赴杭州参加第九届 IMPACT 国际版画会议，然后到达长沙，正式入驻长沙师范学院 XIPC。斯科特的驻访时间超过一个半月，完成了一件印数颇多的并用版画作品，在长沙师范学院首次使用和展示了感光树脂版技术。举办了个人艺术作品展，为西藏国培项目讲授了课程，为“设计长沙”发起的公教活动开展了工作坊等。此外，斯科特还前往湖南科技学院参加了“第三届湖南版画展”的开幕式及学术活动。驻访期间，斯科特的作品还参加了“2015 潇湘国际版画名家邀请展”等展览。

由于初次签证所限的时间较短，为了顺利完成驻访项目，期间，斯科特还曾前往相关机构办理了续签手续。斯科特的驻访，为 2018 年举办的“中美木版画艺术交流项目”打下了基础。

2015 年斯科特·路德维格在长沙师范学院举行公教活动现场

（5）马克·布鲁尼尔·梅斯塔斯

马克·布鲁尼尔·梅斯塔斯（Marc Brunier Mestas），法国版画家，克莱蒙特·费朗国家建筑艺术设计学院教授。曾获得：洛杉矶最佳动画纪录片银奖；爱沙尼亚帕尔努“Non Grata 版画与行为艺术协会”荣誉会员；“Corpus Christi 奖”金奖（美国得克萨斯州）；葡萄牙阿马杜拉版画双年展尤文图德奖等。

2019 年法国艺术家马克·布鲁尼尔·梅斯塔斯在长沙师范学院的教学现场

2019 年法国艺术家马克·布鲁尼尔·梅斯塔斯在长沙师范学院的教学现场

经由中法交流协会介绍，由月湖时当代艺术中心策划和支持，马克于2019年12月进入长沙师范学院驻访，为期1个月。马克的驻访具有多重的使命。一方面，马克为2017级美术学专业部分学生开设了一门木版画创作课程，产生了一批比较有质量的学生作品。另一方面，长沙师范学院XIPC与月湖时当代艺术中心合作，在驻访开始之初和结束以后各举办了一次展览。开始之初的展览作为“艺术长沙”双年展的平行展，在向日葵美术馆展出，名为“时·刻——刘京 & 马克版画展”。驻访结束之后的展览，在月湖时当代艺术中心展出，名为“时与刻的变形记——版画作品三人展”（马克、玛丽昂、刘京）。另外，驻访期间，月湖时当代艺术中心还与XIPC联合举办了工作坊“马克与刘京说木刻——换一种方式接触艺术家”，为公众介绍木刻版画艺术。

马克驻访之后，邀请长沙师范学院四位师生参加了由他策划的，包括90位世界各地艺术家参与的创作交流项目。此外，他还策划了2021长沙师范学院师生作品展暨湖南版画赴法国展。在该展览展出期间，马克还在法国里永音乐与艺术学院美术馆展出了他在长沙师范学院的学生作品，使XIPC的国际交流项目教学成果首次在法国呈现。

3. 短期访问型驻访

在长沙师范学院持续近8年的国际驻访项目开展过程中，也接待了一些驻访时间周期很短的艺术家。

（1）马乔·德芬

马乔·德芬（Marjorie Devon）是美国新墨西哥大学塔玛琳德学院任期最长的主任，世界著名的平版画专家。主编和出版了具有重大影响的《塔玛琳德平版画教程》新版，为国际平版画艺术的推广与发展做出了重要贡献。马乔·德芬曾两次为保罗·克罗夫特撰写了申请湖南省“海外名师”项目的专家推荐信，因此与长沙师范学院XIPC建立了初步联系。2015年10月，马乔·德芬前来参加在杭州中国美术学院举办的第九届IMPACT国际版画会议，然后，受邀来到 XIPC 驻访。马乔在 XIPC 的驻访时间仅 3 天，与长沙师范学院的师生开展了深入的交流，并举办了一场规模较大的学术讲座。这是马乔·德芬首次在国内举办学术讲座，也是首次在国内的机构驻访。

2015 年美国新墨西哥大学塔玛琳德学院主任马乔·德芬学术讲座现场

（2）迈克尔·巴尼斯：

迈克尔·巴尼斯（Michael Barnes）是国际著名石版画家，美国知名石版画教授、专家。2015 年，迈克尔受邀前来长沙参加“潇湘国际版画名家邀请展”开幕式学术活动，因此短期驻访于长沙师范学院 XIPC。驻访期间，迈克尔对于 XIPC 工作室的布局、设备维护提出了建议，并对部分学生作品进行了针对性点评和指导。举办了以国际石版画艺术为主题的学术讲座一次，并向师生分享了自己作品的创作理念及方法。

（3）赛瑞娜·史密斯：

赛瑞娜·史密斯（Serena Smith）任职于英国知名的莱斯特版画工作室，著名石版画家。曾受邀驻访于深圳观澜版画原创产业基地等。2015 年

11 月，赛瑞娜同样是受邀参加“潇湘国际版画名家邀请展”开幕式学术活动期间，短期驻访于长沙师范学院 XIPC。赛瑞娜向师生分享了石版图像转印等创作技术，并详细介绍了英国当代石版画家的创作状况。此外，还举办了学术讲座一次。

短期驻访虽不如长期驻访的交流和影响那么丰富和深入，但其驻访内容往往充满惊喜，浓缩而集中，是对常规驻访项目的有效补充。

2015 年美国艺术家迈克尔·巴尼斯教授学术讲座现场

2015 年英国艺术家赛瑞娜·史密斯学术讲座现场

（十一）XIPC-基于国际艺术家驻访项目而开展的大型国际学术交流活动案例介绍

1. 引进来：

（1）2015 潇湘国际版画名家邀请展

“2015 潇湘国际版画名家邀请展”由 2014 年入驻长沙师范学院 XIPC 的驻访艺术家保罗·克罗夫特（Paul Croft）与长沙师范学院罗湘科教授联合策展。展览的主办单位为中国美术家协会版画艺术委员会、中国版画学会（筹）、长沙师范学院、湖南美术出版社；承办单位为湖南省美术家协会版画艺术委员会、美仑美术馆；展览时间为 2015 年 11 月 16 日至 11 月 27 日；展览地点：长沙美仑美术馆。

2015 潇湘国际版画名家邀请展展厅现场

“2015 潇湘国际版画名家邀请展”是湖南有史以来所举办的最大规模的国际艺术活动之一。展览共邀请了包括中国、美国、英国、加拿大、澳大利亚、智利、爱尔兰、日本、韩国、西班牙、泰国等众多国家和地区的 80 余位艺术家的 160 余件作品参展。展览作品的丰富性、多样性、艺术水准在湖南版画发展史上都是空前的，被《美术》杂志、雅昌艺术网等重要专业媒体刊登和报道。

该展览之所以能邀请到来自这么多不同国别的艺术家参展，与英国艺术家保罗·克罗夫特广阔的学术影响力是分不开的。参展的国外艺术家中，70%是由保罗亲自邀请的。然而，这个展览的发起和最终成功举办，又与保罗在长沙师范学院 XIPC 的驻访是分不开的。2014 年 4 月，长沙师范学院 XIPC 正式运行之初，即邀请了保罗前来进行了为期一周的驻访，为长沙师范学院 2012 级美术教育专业的学生进行了短期的教学和工作坊；同时，参与策划和举办了“界——保罗·克罗夫特 & 卢雨双个展”“湖南（国际）青年版画家作品展”；期间，保罗还在中南大学、长沙师范学院举办了多场学术讲座。正是因为有了 2014 年的初次驻访，长沙师范学院 XIPC 与保罗·克罗夫特之间建立了较好的信任关系和专业联系，于是才有了 2015 年联合策划展览的后续。

2015 潇湘国际版画名家邀请展开幕式现场的驻访艺术家合影

（2）2017 长沙国际版画名家邀请展

“2017 长沙国际版画名家邀请展”是基于 2015—2017 三年的驻访项目，由长沙师范学院、长沙市文学艺术界联合会、湖南省美协版画艺委会共同主办的国际版画展览，是“2017 长沙市文艺重点扶持项目”，展览地点在长沙师范学院北校区美术馆。该展览展出的国内作品以湖南省版画家作品为主，而展出的国外作品则包括 2015—2017 年在长沙师范学院 XIPC 驻访期间由外国艺术家创作的作品，以及部分其他作品。参展艺术家 35 人，来自中、美、韩、瑞等多个国家。这是继“2015 潇湘国际版画名家邀请展”成功举办之后，由 XIPC 策划、组织、发起的又一次国际性版画艺术展览。与“2015 潇湘国际版画名家邀请展”相比，该次展览更加倾向于对艺术家个体面貌的呈现和比较，更加尊重语言的多元化，艺术家的年龄跨度和技术性差异也更大。

更重要的是，该次展览延续了长沙国际版画艺术生态的发展，推动了长沙师范学院 XIPC 国际艺术家驻访项目的进一步提升。虽然该展览在规模和高度上不及“2015 潇湘国际版画名家邀请展”，但作为一个集中比较湖南版画与国际版画面貌的展览，意义重大。同时，通过与长沙市文联的联合主办，长沙师范学院与长沙市文化部门之间的校地合作得到了加深，也在一定程度上提升了长沙国际艺术交流的氛围与水平。

2017 长沙国际版画名家邀请展开幕式现场

2017 长沙国际版画名家邀请展展厅现场

（3）2018 潇湘国际版画名家邀请展

该展览作为凤凰艺术年展的平行展，由长沙师范学院、凤凰艺术年展组委会、湖南省美协版画艺委会联合主办。展览于 2018 年 4 月在湘西凤凰古城的群落式美术馆开幕，共包括来自多个国家的 65 位艺术家的一百余件作品参展。该展览是继“2014 湖南（国际）青年版画家作品展”“2015 潇湘国际版画名家邀请展”“2017 长沙国际版画名家邀请展”之后，长沙师范学院 XIPC 组织的第四次国际版画作品展，是“潇湘国际”品牌展览的第二回。展览的规模虽不及“2015 潇湘国际版画名家邀请展”，但这是高校与地方（凤凰古城）合作推动文化发展的一次有效尝试。其社会影响大于学术影响，有效提升了长沙师范学院美术学科及其展览品牌的知名度和影响力。该展览的国外作品很多来自 XIPC 驻访项目的相关艺术家。

该展览是长沙师范学院开展的“艺术惠民工程”系列活动之一，作出了高校对地方文化经济发展的贡献。

（4）2018 长沙国际版画作品展

2018 年 11 月 8 日开幕的“2018 长沙国际版画作品展”，同样获批了长沙市文联资助的“2018 长沙文艺创作重点扶持项目”，这是长沙师范学院与长沙市文联共同主办的第二个国际艺术展览。展览的国外作品主要来自由美国北卡州阿巴拉契亚州立大学斯科特·路德维格教授联合长沙师范学院 XIPC 共同策划的“持续的本质——中美木版画艺术创作项目”，国内作品则主要来自湖南省的版画家。参展作品的种类以木版画为主，在比较中局部呈现了中美木版画艺术创作的面貌。展览地点为长沙师范学院北校区美术馆。

参展的国外艺术家全部为斯科特·路德维格教授邀请的美国木版画家。路德维格教授是美国北卡州阿巴拉契亚州立大学版画系主任，也是国际知名的版画家。他于 2015 年 10 月在长沙师范学院 XIPC 驻访约 40 天，期间举办了个人展览、学术讲座、工作坊等，并为“西藏国培”项目进行了短期授课。2017 年 8 月，路德维格教授联合 XIPC 发起“持续的本质——中美国际木版画艺术创作项目”，共邀请中国和美国艺术家各 12 人参加。项目要求每位艺术家完成木版画作品 1 件，印制一定数量，统一寄到北卡州阿巴拉契亚州立大学之后，再分套装袋寄回。每位艺术家将获得一套 24 件来自不同艺术家的木版画作品。这些作品的纸张规格完全一样，版种全部为木版，呈现了中美木版画家在主题、技法、观念等方面的差别。参加该项目的中国艺术家中，包括了长沙师范学院的多名师生，在推动国际交流的同时，提升了师生的创作水平与教学热情。

（5）2021 首届国际数字版画艺术大展

2021 国际数字版画艺术大展，是由中央美术学院、国际学院版画联盟、中央美术学院国际版画研究院、长沙师范学院联合主办的首个以数字版画为主题的国际性大展。该展览填补了国内大型数字版画展览的空白，展览地点在长沙师范学院北校区美术馆。展览承办单位为：长沙师范学院美术与设计学院、湖南省美术家协会版画艺委会。正是基于 XIPC 驻访项目及相关大型学术活动的成功运行与举办，才使长沙师范学院得以成功参与主办和承办了如此高水准和开创性的数字版画大展。

“国际数字版画的意义与未来”研讨会现场

2021 首届国际数字版画艺术大展开幕式现场

2021 国际数字版画艺术大展呈现了来自中、美、英、意、法等国 80 余位艺术家的 150 余件作品，呈现了国际数字版画艺术的整体面貌和前沿图景。作为纯粹以数字版画为媒介的艺术展览，其语言的前瞻性和新锐度是空前的。正因为其具有的开创性，这个展览及参与展览主办、承办的机构都必将载入中国版画史册。

该展览开幕之际，还举办了“国际数字版画的意义与未来”学术研讨会。研讨会邀请到来自中央美术学院、中国美术学院、西安美术学院、湖北美术学院、天津美术学院、广州美术学院等国内院校的专家出席，并邀请到美国纽约阿尔弗雷德大学、意大利罗马美术学院、阿根廷当代艺术基金会、波兰克拉科夫美术学院等国外机构的专家在线参会。该会议是国内首个关于数字版画艺术的高水平国际学术研讨会，意义重大。

2. 走出去：

（1）2014 长沙师范学院师生作品展暨湖南版画赴英国巡展

2014 年 10 月，长沙师范学院师生版画艺术展暨湖南版画家赴英国作品展在英国亚伯大学美术馆开幕。该展览呈现了长沙师范学院师生版画作品二十余件及湖南版画艺术家作品五十余件，展示了长沙师范学院版画创作与教学的阶段性成果，以及当代湖南版画艺术的整体面貌。该次展览是长沙师范学院师生作品的首次海外展示，也是湖南版画艺术家首次在海外的整体展示。展览在英国亚伯大学美术馆结束之后，又相继巡回至另外两座美术馆展出，巡展时间跨度达到一年半以上。

该次展览由保罗·克罗夫特策划，同样是基于 2014 年 4 月保罗在长沙师范学院的驻访而发生的后续学术交流。2014 年 10 月展览开幕期间，时任长沙师范学院美术动画系主任罗湘科教授等前往亚伯大学参加了开幕式，并为亚伯大学的师生介绍了展览的作品，举行了作品分享会等。保罗·克罗夫特先生邀请罗湘科参观了其住处和工作室等，也就是在那次参观期间，二人进行了深入的学术交流，并萌生了共同策划一个国际版画艺术展览的想法。这个想法在之后的一年中逐渐落实，即 2015 年 11 月成功举办的“2015 潇湘国际版画名家邀请展”。

2014 年罗湘科教授与亚伯大学副校长、艺术学院院长在展览开幕式上合影

（2）2018 中美木版画艺术交流系列展览

2018 年 4 月，由驻访艺术家美国阿巴拉契亚州立大学教授斯科特·路德维格策划的“持续的本质——中美木版画艺术创作项目”1 套 24 件作品，作为美国“2018SGCI 国际版画会议”的 Portfolio 单元之一，在美国拉斯维加斯展出。时任长沙师范学院美术动画系主任罗湘科教授等人赴美参加了“2018SGCI 国际版画会议”系列学术活动。

2018 年 11 月，由斯科特·路德维格策划的“持续的本质——中美木版画艺术交流展”在美国北卡州阿巴拉契亚州立大学画廊开幕。展览除了展出“持续的本质——中美木版画艺术创作交流项目”的 24 件作品之外，还展出了参与项目的 24 位艺术家的近五十件其他作品，其中包括多位长沙师范学院师生的作品。

这两次学术活动是长沙师范学院师生版画作品首次亮相国际版画大会，也是湖南版画家作品首次成规模在美国展出。

2018 年参加美国 2018SGCI 国际版画大会现场

2018 年参加美国 2018SGCI 国际版画大会现场

（3）2021 长沙师范学院师生作品展暨湖南版画赴法国展

2021 年 10 月，长沙师范学院师生作品展暨湖南版画赴法国展在法国里永音乐与艺术学院美术馆开幕。该展览由法国艺术家马克 · 布鲁尼尔策划，共展出了长沙师范学院师生作品及湖南版画艺术家作品五十余件。多位长沙师范学院师生参与的，包括 90 位来自世界各地的艺术家的版画创作项目作品展，也同期在里永音乐与艺术学院美术馆展出。2019 年 12 月，法国艺术家马克·布鲁尼尔和玛丽昂入驻长沙师范学院 XIPC，期间为长沙师范学院美术学专业 2017 级的学生开设了一门木版画课程，完成了十余件作品的创作，与长沙师范学院教师联合举办双个展、三人展等，并举行版画公教活动 1 次等。驻访期间，长沙师范学院美术与设计学院副院长罗湘科教授与马克·布鲁尼尔在交流中产生了举办长沙师范学院师生作品展暨湖南版画赴法国展的动议，并在后续的进程中克服了疫情影响、国际快递不便等因素，最终使展览成功举办。

2021 年长沙师范学院师生作品展暨湖南版画赴法国展开幕式现场

（十二）疫情时期的高校国际艺术家驻访项目

2020 年以来，随着世界性新冠肺炎疫情的发生，世界各国、各类机构的艺术家驻访项目都变得难以实施。各种国际艺术展览、博览会、学术讲座等都纷纷采用了线上的方式，一时间，网络成为世界各地的人们进行艺术交流的主要方式。因此，虽然实体性的国际交流举步维艰，但各类线上展览、研讨会、论坛、课程飞速增加，虚拟的交流方式甚至已经让世界各地的艺术家接受和成为习惯。然而，作为一种以体会异域文化与不同工作环境为特点的国际交流方式，艺术家驻访项目如何适应全球疫情的大背景，并创造新的发展契机，这是所有驻访高校与机构都应该认真思考的问题。

（1）疫情背景下如何安全地驻访？

根据目前全球疫情的发展情况及各国接种新冠疫苗的实际状况，可以断定的是，疫情对于旅行及国际交流的影响在短期内仍难以消除。疫情结束的时间，也就是全球性自由出行与交往的时间尚难以预知。在这样的前提下，如何确保国际艺术家驻访项目在高校及机构中的持续性开展，这是摆在我们面前的全球性难题。实际上，在一定时间之内，我们可能都要面对一个全球疫情常态化的状况，如何在有效防控疫情的情况下，保持国际合作交流的良性发展，从宏观到微观这都是一个重要的命题。

现实的情况是，虽然当前全球的疫情仍然不容乐观，但有一部分机构的驻访项目并未完全停止。2021 年 11 月，在国内疫情仍有起伏的背景下，由中共长沙市委宣传部等机构主办，长沙市媒体艺术发展中心承办，前行美术馆与远大 P8 星球协办的 C+C 媒体艺术国际驻留项目仍然成功举行。这充分说明，只要把防疫的工作做好、做到位，国际交流的开展并非不可能。

当然，疫情防控的有效性和安全性是首要的。以最严格的方式，做好入境人员的疫情监测，包括必要的行踪调查、医学检查、隔离措施等。此外，也要做好境外人员在驻访期间的防护措施，避免其在驻访过程中受到感染。只要是采取科学、精准、严格的检测、防护及隔离等手段，疫情背景下的国际驻访项目是可以运行的。

对于高校而言，由于人员密集，疫情防控的要求更高，开展国际艺术家驻访项目的难度也更大。但如果能在防控措施和驻访细则等方面做得更科学，标准更高，驻访项目的开展同样是可行的。

（2）驻访是否可以虚拟？

对于有些高校而言，在疫情的大背景下，如果实体的驻访确实难以实施，有没有可能以虚拟的方式开展驻访？答案是肯定的。

从常规驻访的开展内容来看，创作、教学、讲座、展览、工作坊、论坛、研讨会、公教活动等是驻访的主要内容。很显然，在过去的近两年时间里，在线教学、讲座、研讨会、论坛、公教活动等都已经在所有国内高校中实现，而且频繁发生着。美术类工作坊的实施，往往以技术性分享居多，可以轻易地以会议 App 或建设线上资源课程等方式实现。唯一相对特殊的是“创作”，但在线上也是可以部分实现的。对于传统的架上艺术而言，虚拟驻访创作存在不小的难度，但对于以数字媒介技术进行创作的艺术形式，线上的驻访创作则是得天独厚的。

毋庸讳言，虚拟驻访相对于实体驻访而言，艺术家对于异域文化的那种身临其境的体验感是缺失的。异域的体验感，恰恰是国际艺术家驻访项目最大的魅力之一。在虚拟的方式里，如何加强对体验感和现场感的弥补，如何提高艺术家参与虚拟驻访的兴趣，这是至关重要的。

（3）虚拟驻访的优势在哪里？

客观地来看，虚拟的国际艺术家驻访相对于常规驻访，也有其优势。首先，对于高校驻访机构和艺术家双方而言，旅行的开支、餐饮费用、本地交通等开支都将大幅度节省，相关人员的工作量也会有一定程度的减少。因此，驻访的开展频率及效能也可以在一定范围内得到提升。由于在线交流的便捷，各类驻访活动的开展变得更加灵活，驻访的影响面将更广，受众范围将更大。驻访所进行的各项内容，特别是教学及讲座等内容，可以被轻易地转换为“在线资源”而保存下来，使更多的人受益。

虚拟的驻访还可以突破“驻访项目”的传统概念，使得驻访的外延、内涵得到扩充。全新的驻访形式及内容，可以充分发挥数字媒介与网络技术的资源，使得“艺术家驻访”这一国际交流形式更加具有当代性。

对于高校而言，在疫情的影响下，美术类的国际学术交流基本是处于大面积停滞或减少的状况。疫情防控，是当前高校所有工作中最重要的事项之一。虚拟的国际艺术家驻访项目，可以在确保绝对安全的情况下，顺利开展，从而使得高校美术类学科可以持续进行有效的国际交流。

综上所述，高校国际艺术家驻访项目是高校国际美术交流的有效方式与催化剂。当前省内外高校中的驻访项目还较为少见，亟待推广。由于开展形式的多样性和灵活性，有美术类专业的高校都具备开展驻访项目的基本条件。国内外各高校和独立艺术机构所开展的驻访项目，为有意开展驻访的高校提供了丰富、多元的经验与模式。每个高校都可以基于各自的实际条件，开展各有特色的驻访项目。不论采用怎样的模式，高校的国际驻访项目都应以学科发展与专业建设为出发点。应在驻访项目的开展过程中，充分提升高校师生的参与意识，促成艺术家对教学的适当参与，使学生与艺术家之间有更多互动的机会。应探索更加具有可持续性和体系化的高校驻访模式，使艺术家驻访项目真正成为国际交流的动力与保障。

在各类项目中，视觉艺术类的驻访占了国际驻访的大部分，以环境保护和学科融合为理念的项目更是呈增长趋势。在疫情的大背景下，高校的国际艺术家驻访该如何克服线下交流的困境，虚拟的驻访项目是否可行，能否被接受，这些都是各高校驻访机构所面临的前所未有的难题。疫情结束之后，高校国际合作交流的需求必将更多、更迫切，艺术家驻访项目在高校中所能发挥的作用也将更大、更深远。

第二章　从“XIPC”看“高校国际版画艺术家驻访项目”的模式与价值

艺术家驻访项目，又称艺术家驻留计划，简称艺术家驻访，或驻访项目。“艺术家驻访”是在世界各国普遍开展和广受欢迎的一种艺术交流与合作方式。该项目的开展方式如下：先由主办方（高校或艺术机构）面向艺术家发布驻访计划；然后，有意向的艺术家在规定的时间内提交申请；主办方再从申请的艺术家中选择最佳人选，发出邀请函。主办方为前来驻访的艺术家配备技师，并提供工作场地、设备等，有时也提供一定的经费支持和举办展览的场地，或者各类讲座、展览和交流的机会等。艺术家在完成驻访项目之后，往往需要以一定数量的作品回馈给主办方。总的来说，“艺术家驻访”是一种低投入、高回报、简单灵活、影响深远的艺术交流与合作方式。驻访项目一般每年开展数期，每期约 2 周至数月不等。

由于高校的硬件、空间和人员优势，以及高校对国际学术交流的实际需要，在艺术家驻访项目中，“高校国际艺术家驻访”是常见而有效的一种项目。同时，基于版画创作对工作条件的特殊要求与版画作品的传播性优势，专门针对“版画”的“高校国际艺术家驻访项目”很受欢迎。

（一）“版画艺术家驻访项目”的国内外现状

1. 欧美的“版画艺术家驻访”历史较为悠久。从20世纪初以来，以巴黎的“ Mourlot 工作室”等为代表的一批独立版画艺术家驻访工作室吸引了毕加索、达利、夏加尔、劳特雷克等大批艺术家，并留下了许多影响深远的作品，对版画艺术的发展产生了积极的推动作用。“版画艺术家驻访”在我国尚属于新事物，比较成熟的国际版画艺术家驻访机构仅有深圳“观澜版画原创产业基地”。北京、上海、天津、南昌等地的独立版画工作室虽实力雄厚，但“国际版画艺术家驻访项目”的开展还不够成熟，未形成持续性的机制和规模，驻访的模式、规则有待完善。

2. 国外的高校版画艺术家驻访项目也比较普遍，国内则刚刚起步。如美国的新墨西哥大学塔玛琳德工作室，是一个具有60多年历史和世界性影响的高校国际版画艺术家驻访中心。塔玛琳德工作室成立于1959年，从成立至今一直致力于研究、传承、推广石版画艺术。该工作室现隶属于美国新墨西哥大学，既是一个具有硕士研究生培养资质的高层次版画教育机构，又是一家以石版画创作为主体的艺术家驻访机构。同时，该工作室还具有石版画作品销售、推广、研究等多重功能，是世界当代石版画艺术的中心，是“高校国际版画艺术家驻访项目”的典范。国内的“高校版画艺术家驻访项目”尚未形成稳定的模式和体系。虽然很多专业院校都开展了较为频繁的国际交流活动，但以艺术家驻访为核心的、规范的、持续性的国际交流在国内高校中非常罕见。

（二）“潇湘国际版画艺术中心”（XIPC）的运营模式分析

1. XIPC 简介

潇湘国际版画艺术中心，是由长沙师范学院与湖南省美术家协会版画艺委会于2013年联合创立的，英文名称为 Xiaoxiang International Printmaking Centre，简称：XIPC。五年来，作为湖南乃至全国唯一的高校国际版画艺术家驻访中心，XIPC 已成功实施国际艺术家驻访项目 14 期，共计接待来自英国、美国、瑞士、韩国的艺术家驻访 16 人次。基于该中心，长沙师范学院成功策划和主办了“2015 潇湘国际版画名家邀请展”“湖南版画赴英国巡展”“2017 长沙国际版画名家邀请展”“2018 潇湘国际版画名家邀请展”“持续的本质——中美木版画艺术交流展”等大型国际展事 5 次，举办了外国艺术家个人版画作品展览 10 余次，举办版画学术讲座 30 余次，驻访艺术家承担版画教学 500 余课时。XIPC 的驻访项目，极大地拓展了长沙师范学院和湖南高校美术学科的学术维度和影响力，对湖南版画艺术和教育事业的发展产生了积极的推动作用。

2. XIPC 的硬件和人员配备

XIPC 因隶属于长沙师范学院和湖南省美协版画艺委会，因此拥有总面积为 800 平方米的四间版画工作室，配备有木版、铜版、石版、丝网等各版种的设备。其中，配有大中型版画机 4 台（2018 年底将新增 3 台），超大型丝网版画印刷机 1 台等。配备有版画创作、教学和技术人员 6 名，其中，教授 1 人，副教授 2 人，讲师、助教 3 人。团队中包括湖南省美协版画艺委会主任 1 人，秘书长 1 人，有海外留学经历者 1 人。团队成员多数毕业于各大美术学院，业务素养全面，在国内具有一定的学术影响力。

3. XIPC 的驻访模式与类别

XIPC 通过综合参考国外高校的经验，基于自身资金、硬件和人员条件，并从学科发展的实际需要出发，灵活地开展了三种不同类别的驻访项目，即创作类、教学类、访问类。

（1）创作类：

艺术家来 XIPC 进行为期 1～2 月的创作，XIPC 负责艺术家的本地交通、为艺术家配备技师或助手、免费提供创作材料等。艺术家所创作的作品，需留下一定数量的印张给 XIPC 收藏。XIPC 为艺术家颁发收藏和驻留证书。在驻留期间，艺术家往往需要举办一次个人展览，有时还需要举行一次以上的学术讲座。对于创作类的驻访艺术家，XIPC 不承担往返机票和住宿费用，但会提供必要的预订服务或协助。XIPC 还需为艺术家准备正式的英文邀请函，并为艺术家的签证等事宜提供必要的帮助。

（2）教学类：

教学类的驻访艺术家，以完成约定的教学任务为主，同时他们也往往会在空余时间进行一定的创作。此类艺术家，多为国外高校的教授，本身担任教职，教学经验丰富。艺术家驻访期间担任的教学任务需安排得比较集中，如集中在一周里连续的 2~3 天，这便于艺术家利用空余时间进行外出考察或个人创作。驻访艺术家的教学工作量往往不能过大，每周的教学时间最多在 16 小时（即 4 个半天）以内。同时，由于专业特点和中外高校差异性等原因，驻访艺术家课堂教学中的师生比不能过大，即 1 名艺术家所教授的学生数量应控制在 20 人以内，否则会影响教学质量。为了扩大效能和影响，除了规定的课堂教学任务之外，驻访艺术家往往还需要举行一场以上的大型学术讲座，面向全校师生。教学类的驻访艺术家，往往还需要在驻访期间举办个人作品展及教学展，展示个人创作面貌和教学成果。

教学类驻访艺术家的交通、食宿、酬劳、材料等所有费用，均由 XIPC 支付。因此，对艺术家的选择会更加严苛，标准更高。另外，为了解决经费需求问题，XIPC 除了向所在高校申请经费支持以外，还在符合规定的情况下，以所在高校的名义申请省市级相关项目经费的资助，从而更好地推进和完成驻访项目的实施。

（3）访问类：

短期访问类的艺术家往往是因其他目的来到国内，在完成主要目的之后或期间，应邀来 XIPC 进行为期 1 周以内的驻访。驻访期间，艺术家往往会举办一次工作坊（技法演示）或学术讲座，并与 XIPC 所在高校的专业教师及学生进行交流，或进行短途的文化考察等。短期访问类艺术家的国内往返交通、食宿及讲座劳务费用，全部由 XIPC 承担。

以上三个类别的艺术家在驻访期间的生活、教学、创作、布展、外出考察等相关日常事务，全部由长沙师范学院的青年教师带领学生团队负责后勤工作。因此，高校艺术家驻访项目对于提升师生的学术视野、提高创作积极性、更新创作观念、丰富创作手段等具有不可替代的作用。

（三）XIPC“国际版画艺术家驻访项目”的实施效果与价值

1. 拓展版画教学资源，推动教学改革

基于 XIPC 的国际艺术家驻访项目，长沙师范学院共吸引了来自英国亚伯大学、美国密歇根大学、美国加州艺术学院、英国东伦敦版画艺术中心、美国西雅图版画协会等国外知名高校和专业机构的 6 名艺术家来校授课，承担版画课程教学 500 多课时，共有超过 150 名学生参加了这些课程的学习。这 6 名艺术家的授课内容既包括了石版、套色木刻、日本水印版画等传统版画类别，又包括了 PS 版、感光树脂版、漏印综合版、独幅综合版、韩国水印综合版、艺术家手工书等新类别。这些课程，极大地丰富了版画的教学边界，全面拓展了师生的版画技术储备和语言类别。

同时，来自英美不同高校和地域的教学方法各有不同，这也充分体现在驻访艺术家的教学课程之中。这些多元化的教学理念和方式，对于革新传统版画教学体系，探索更加丰富和有效的版画课程教学新模式，产生了极大的推动作用。

2. 提高师生的创作热情，全面提升创作成果

通过开展延续性的“国际版画艺术家驻访项目”，长沙师范学院形成了一支稳定而有规模的师生版画创作团队。XIPC 举办的持续性的展览、教学、讲座、工作坊，不断激发着这支团队的创作热情，并取得了一系列令人瞩目的成果。近五年来，长沙师范学院师生版画作品入选由文化部、中

国文联、中国美术家协会主办的国家级展览27件；其中，第21、22届全国版画展各入选8件。同时，师生作品入选2018克拉科夫国际版画三年展、第三届中国版画大展、第二届罗兹国际版画双年展、第四届中国青年版画展等各类重要专业展览，在国内外业界产生了一定的学术影响。

3. 举办高规格学术活动，提升群体实力和社会认知度

XIPC国际艺术家驻访项目的持续开展，为长沙师范学院和湖南省美协版画艺委会积累了可观的国际版画家资源，为策划和举办高规格版画展览和学术活动打下了基础。

2014年10月，XIPC与英国亚伯大学艺术学院联合策划和举办的“湖南版画赴英国巡展”在威尔士的亚伯大学美术馆开幕；该展览是湖南版画首次以整体面貌走出国门，意义重大。作品在亚伯大学首展之后，巡展至威尔士和北爱尔兰的另外两座美术馆，前后共历时两年半。

2015年10月，由XIPC主要参与策划，由中国美术家协会版画艺委会、中国版画学会（筹）、长沙师范学院联合主办的“2015潇湘国际版画名家邀请展”在长沙美仑美术馆开幕。该展览是湖南有史以来所举办的最大规模的国际版画艺术展览，共邀请到来自十余个国家和地区的80余位艺术家的160余件作品参展。同时，XIPC还策划和发起了一个由七个国家的48位版画家参加的创作交流项目（Xiao Xiang International Printmaking Portfolio）。该项目历时两年，于2017年11月顺利完成。

2017年7月，XIPC与美国版画家斯科特·路德维格教授联合策划了“持续的本质——中美木版画艺术创作交流项目”及同名展览，该项目及展览包括了来自中国和美国的版画家各12人的七十余件作品。“持续的本质——中美木版画艺术创作交流项目”入选“2018美国SGCI国际版画大会”，并于2018年4月在美国拉斯维加斯进行了展出。展览还将于2018年6月在美国北卡州的“特尔钦视觉艺术中心”进行巡展。

这一系列高水准学术展览及活动的举办，极大地提升了以长沙师范学

院为代表的湖南版画群体的学术影响力，间接地提升了湖南版画教育与创作的整体实力，促进了国际文化艺术交流，也在一定程度上提高了版画的社会认知度。

（四）关于“高校国际版画艺术家驻访项目”模式与价值的思考

1. “高校国际版画艺术家驻访项目”的可行性与价值

（1）广泛可行性：

参照国外高校国际版画艺术家驻访项目的经验，结合长沙师范学院XIPC驻访项目的成功案例，可以发现，在国内相关高校中，开展“国际版画艺术家驻访项目”是具有广泛可行性的。“国际版画艺术家驻访项目”所需要的基本条件：工作室、版画设备、助理团队、翻译等几个要素，对于开设版画专业或课程的高校来说都不存在问题。

一方面，随着国家教育投入的加大和高校整体办学水平的提高，教育国际化将成为各高校发展过程中一个更加迫切的需要。与此相适应，高校版画学科中的国际交流，也将得到更多的关注和人力、物力支持。这将为“高校国际版画艺术家驻访项目”的开展提供良好的契机。

另一方面，随着我国综合实力的发展和国际影响力的提高，国际文化艺术交流得到了进一步的发展，越来越多的外国版画家向往来到中国进行驻访和交流。同时，“观澜版画原创产业基地”“国际学院版画联盟”等世界性学术品牌的建立，将把更多外国版画家吸引到中国，为高校的“国际艺术家驻访”提供源源不断的艺术家资源。

（2）普遍价值：

首先，高校的驻访机构通过收藏、研究驻访艺术家的作品，提升高校的学术水准和教学资源（作品）储备，并通过拍卖部分作品，维持驻访机构的运营和发展。其次，通过举办大型国际版画学术活动和个人作品展等形式，实现驻访艺术家与本土艺术家之间的学术交流，实现艺术家与公众之间的互动和碰撞，实现艺术观念、技法、表达方式的相互影响和生成，实现版画的真正普及和推广。

高校国际艺术家驻访项目的另一个重要利好，是对于版画人才培养水平的提升。这一点，对于高校来说是极为重要的。通过开展持续性的国际艺术家驻访，可以吸引大量优秀的外国版画家进入高校，其中，部分版画家可以走入课堂，进行教学和创作指导。从而，提升版画教学的活力和水准，为教学改革和研究注入新鲜的生命力。同时，通过举办普及性的国际版画讲座和工作坊，可以对推广版画艺术和提高版画的社会认知度产生较大的积极作用。

2. “高校国际版画艺术家驻访项目”的多元模式

从 XIPC 的成功案例可以看出，“高校国际版画艺术家驻访项目”的模式可以是灵活多元的。根据高校自身的办学层次、水平和条件，可以设计、实施相应的版画艺术家驻访项目。对于美术学院、艺术学院等专业院校来说，由于其优越的硬件和过人的师资，驻访项目可以更加追求高规格、高度专业化，更加侧重于艺术创作实践。对于驻访艺术家的选择标准和要求，可以更加严苛和具有针对性。

对于重点综合性大学来说，驻访项目的开展可以更加偏重研究性和学术性，更加追求跨越学科边界的可能性，以求实现驻访效能与办学水平之间的匹配。对于一般综合性本科院校来说，驻访项目应更加追求多样性和广泛适应性，寻求更多的切入点；从多角度、多层面入手，在一定程度上，实现“驻访项目”对相关专业办学水平的补充与提升。

第三章　驻访艺术家关于“艺术家驻访项目”的感受与思索

近年来，笔者对多位外国驻访艺术家进行了针对性访谈（以在线访谈为主）。基于访谈，深入了解驻访艺术家对于各类驻访经历的感受，了解世界各国艺术家驻访项目总体的开展情况，特别是广泛了解各国高校国际艺术家驻访项目的现状。同时，经由访谈，搜集各类国际艺术家驻访项目的链接与联系方式，进一步查找不同驻访机构及其项目运行的相关信息，然后进行分析、归纳、整理，推动相关研究项目的进展。笔者在此处将部分访谈的内容进行选择性梳理和简要呈现，是为了便于读者直观了解国际艺术家驻访项目的开展状况与影响力，了解驻访艺术家作为主要参与者的感想与思索，了解获取驻访信息的渠道及方式，并为开展高校驻访项目的单位及个人提供难得的第一手参考资料。

（一）保罗·克罗夫特访谈

（1）采访人：刘京。

（2）采访对象：保罗·克罗夫特（Paul Croft），英国亚伯大学博士生导师。

（3）采访方式：在线。

（4）采访内容：

问：如何快速搜索获取国际艺术家驻访项目的信息和链接？

答：艺术家驻访项目被简称为 AIRs，欧美的 AIRs 有许多不同的运行方式，这取决于它们不同的资金来源。如果在网络上搜索 AIRs，能搜索到很多国际驻访项目的链接和介绍。

问：英国的高校艺术家驻访项目开展情况是怎样的？

答：关于高校的艺术家驻访，英国有一些特别的项目，将部分刚毕业的艺术专业学生安排到当地学校，与学生一起工作。这些学校的项目以各不相同的方式运行，运行方式具体取决于各个学校的情况和条件。这些刚毕业的艺术家在学校中的角色，既有驻访艺术家的一般属性，也有的兼具教员的部分角色。从以下链接可以了解到这类驻访项目的更多内容：https：//www. artistsinresidence. org. uk。

问：北爱尔兰的版画艺术家驻访项目比较有名，具体情况如何？

答：大部分的版画类艺术家驻访项目是基于独立的版画工作室或机构运行的，高校中比较少见。北爱尔兰的海苑版画工作室（Seacourt Printworkshop）曾每年举办一次为期 3 个月的驻访项目，是由其艺术理事会和市议会资助的。基于资助的方式，该工作室曾经根据版画专业类别选择他们想要的驻访艺术家。比如，他们想发展丝网版画艺术，工作室就能够获得一笔相应资助。费用一方面用于购买相应的丝网版画设备、材料；另一方面，可以用于邀请一名丝网版画家到工作室进行创作，并帮助他们发展推广该艺术领域。该项目要求艺术家与当地社区合作并开办课程，艺术家完成自己创作的时间相对较少。给艺术家的资助经费，往往只够用于生活的基本开支。

北爱尔兰的贝尔法斯特版画工作室曾经开展非常好的一项驻访项目，

驻访周期一年以上；该项目不仅为驻访艺术家提供工作室、住宿，还提供相当充足的创作材料补贴。

问：请谈谈由艺术家个人建立的小规模驻访项目。

答：在欧美，有的艺术家个人会自己建立驻访工作室，从而经营自己的驻访项目。有的工作室非常简陋，但风景宜人，周边配套优良，同样可以吸引其他艺术家前往驻留。在这些工作室，前去驻访的艺术家往往都必须按周（月）支付驻访费用。我的一位博士生刚刚完成学业，目前正在配合我上课，她就在亚伯以北几英里处经营着自己的驻访工作室。她自己挑选艺术家，艺术家需支付驻访费用。她的工作室条件也比较基础，隔壁有一家酒吧，大多数艺术家是为了欣赏当地的风景和享受宁静才选择去那里驻访。她的工作室有来自世界各地的艺术家，包括澳大利亚、美国、加拿大、英国等。

问：请谈谈您的驻访感受及您对高校国际艺术家驻访项目的思考。

答：我认识的一些艺术家特别热衷于申请国际艺术家驻访项目，他们基本上生活在不断的驻访过程之中，从一个地方到另一个地方，从一个国家到另一个国家。不停驻访，不停创作，不断体验不同的文化和环境，一直在路上。

“驻访”对于我来说总是有点困难，因为驻访项目往往都伴随着压力和不确定性。因为艺术家驻访项目是在有限的时间里进行的。艺术家去到一个全新的环境会有诸多不适应，比如对工作室、设备和材料的不熟悉，很多因素可能都会与艺术家习惯的工作方式相冲突。艺术家对于驻访期间的创作可能会有很多期待，希望做出好的作品，但不一定总能如愿。有的驻访机构会要求艺术家完成创作之外的过多额外工作，如教学、讲座、展览、工作坊等，使得他们的实际创作时间会很少。

我认为高校或机构在建立国际艺术家驻访项目的时候，应首先明确：建立该项目是为了谁？为了艺术家、师生还是为了驻访机构本身？谁从项目中获益最多？对于这一问题的回答，决定了驻访项目的目标和定位，也是高校在开展驻访的时候首先要解决的关键问题。如果过分强调高校的收益，忽略了艺术家的感受与需求，驻访项目很难持续性开展；如果过分重视艺术家的需求，忽略高校开展国际交流的根本任务，那就失去了开展驻访的必要性，也是得不偿失的。在各类艺术家驻访项目中，有些 AIRs 是略带“剥削性”的；过分强化艺术家的教学或工作室建设任务，完全不给他们创作的空间及时间，这会让艺术家产生强烈的反感。从驻访项目的本质出发，最好的驻访应该是那些真正为艺术家探索和实验提供充分时间的项目。应该以艺术家的需求为中心，而不是以驻访机构的需求为中心。

问：您对国际艺术家驻访项目的发展趋势有何展望？

答：由于当前全球性气候变化这一大问题，基于可循环再生的环保材料的驻访项目将越来越多。越来越多的机构将致力于建立驻访项目来推动绿色环保艺术材料的使用。比如：以现成品制作综合材料版画的项目将越来越受到欢迎。

从世界范围看，促成美术家与作家、诗人、音乐家等进行跨界交流合作的驻访项目，将是一种广受欢迎的流行方式。

当然，驻访项目的种类是很多的，还有一些艺术家驻访是围绕一个特定的项目设立的。比如：为某一个社区带领孩子们制作版画；也有一些主题性的创作项目，让驻访艺术家创作关于某社区或某个地域的历史及重要历史事件的作品，也可能是创作关于环保题材的作品，或关于某个小镇上的一位名人的作品等。这种围绕一个特定的主题开展的驻访项目也有增加的趋势。

（二）利兹·萝丝访谈

（1）采访人：刘京。

（2）采访对象：利兹·萝丝（Liz Roth），美国俄克拉荷马州立大学教授。

（3）采访方式：在线。

（4）采访内容：

问：请谈谈您所了解的高校国际艺术家驻访项目。

答：我所在的大学，俄克拉荷马州立大学（Oklahoma State University）仅在夏季开展一个国际艺术家和一个作家驻访项目。时间很短，只有2~4周；驻访地点在新墨西哥州的陶斯（Taos）。驻访的艺术家将获得一笔5000美金的资助，同时，驻访期间还将获得免费的住宿与一个小型的工作室。驻访艺术家必须参与一个夏季课程的教学互动（课程内容每年夏天都有变化），还必须在秋季去到我们位于俄克拉荷马州的主校区，介绍他们完成的驻访作品；此外，可能还需为学生开展一个工作坊。当然，他们也将得到相应的一些报酬。

由于美国的实际情况，当艺术家在陶斯时，他们需要开自己的车来解决交通问题。该驻访项目旨在丰富学生的学习生活，同时吸引一些作品与新墨西哥州有联系的艺术家。因为这个项目是由私人捐赠赞助的，项目的开展方式需符合捐赠者的愿望。

问：艺术项目的捐赠基金是怎样运行的？

答：捐赠基金的运作方式是这样的，捐赠者可以直接捐赠现金，也可以把钱存入银行账户并进行投资来实现捐赠。机构在使用基金的时候，可能每年只需要使用捐赠金额的一小部分，有可能只占捐赠的4%到7%。因此，捐赠的总金额往往是很大的数目。

问：请谈谈您的驻访经历及感受。

答：美国的大部分驻访机构都是由非营利组织经营的。“Jentel艺术家驻访”我去过两次，是由一位非常富有的女性（Neltje）个人创立的。这是非常不寻常的一种方式，艺术家驻访项目通常需要一个组织或机构来启动和运营。在Neltje去世之后，该项目将由怀俄明大学继续运行和支持。

这个项目中，驻访艺术家们可获得一个月的免费住宿（非常豪华的西式住房）、工作室和400美元的饮食补贴。工作人员每周开车送艺术家到45分钟车程之外的谢里丹购买食物和烹饪食材。项目每期可容纳4名艺术家和2名作家。驻访的地点在怀俄明州的中部。

“乌克罗斯艺术家驻访项目”也在怀俄明州，是一个极具影响的项目，产生了许多著名的美国小说家和作家。驻访周期通常在4~8周，他们接受作家驻访，也接受美术家、作曲家、舞蹈家，并特别为音乐家提供昂贵的钢琴和其他设备。该项目配备有一个版画工作室，但设备不是特别好。如果去那里驻访，你需要自己带上所有工具和材料。项目还配有一位出色的厨师，他会做特别的晚餐。项目还为艺术家提供免费午餐，午餐每天都会送到艺术家的工作室。

“美国国家公园艺术家驻访项目”在很多国家公园中都有，数量非常多。当我在美国大峡谷（南缘）驻访时，项目为我配备了一套带工作室的公寓。但根据要求，艺术家在驻访期间必须要做一些公众活动。因此，我做了一次关于我作品的演讲，并接待了两批学生的参观。国家公园的同类驻访项目都要求艺术家与公众进行接触。我的那次驻访时间大约是4周。驻访期间没有任何形式的经费赞助，没有餐饮提供，但艺术家可以免费进入公园，包括去到很多公众可能参观不到的地方。

“戈尔登基金会驻访项目”也很有意思。“戈尔登艺术家”是一家著名的美国颜料制造商。他们生产戈尔登牌丙烯颜料、威廉斯堡油画颜料、库尔水彩颜料和其他博物馆修复用的特种颜料。该公司的所有者马克·戈尔登（Mark Golden）对公司进行了重组，使其完全归员工所有。“戈尔登基金会驻访项目”每期接受3位艺术家驻访，为每位艺术家提供一个宽敞的大工作室，一个舒适的带浴室的私人公寓，还有共用的厨房和公共生活空间。同时，免费提供驻访期间的创作材料。此外，还可以有机会参与该公司颜料技师的会议和课程。每期驻访周期为4周。

问：请谈谈版画类的国际艺术家驻访项目及您的看法。

答：关于版画类的驻访，有几种不同的情况。有的机构只有配备基本版画设备的工作室，比如：佛蒙特工作室中心（美国最大的艺术家驻访机构）。参加这种类型机构的驻访，艺术家需要带上除了版画机和毡子之外的所有工具和材料。我有一位版画家朋友，她是开车带着自己的便携式版画机去佛蒙特工作室中心驻访的。

还有一类是基于高校版画工作室的艺术家驻访。我们正试图启动这样的项目，但是，我们学院没有足够的经费支持。俄克拉荷马州立大学只能从州政府那里获得12%的运营经费。因此，大学必须依赖学费、捐款和各种商业收入来运营。所以，我们没有办法给驻访艺术家经费资助。当我们有申请来访的艺术家时，我们会尽量邀请我们认识的人，这样他们就可以住在我们的家中。我住在一个房价便宜的区域，每家都有很大的房子，所以这样的方式是比较容易实现的。

还有一类驻访，是由机构邀请艺术家创作作品，用于出售。在威斯康星大学麦迪逊分校（我在那里读的硕士），有一个合作的版画工作室叫“坦德姆版画”（Tandem Press）。“坦德姆版画”的驻访项目比较特别，是由“坦德姆版画”邀请一位艺术家，并负责艺术家所需的全部相关开支：差旅、住宿、饮食、创作材料等，驻访周期为3~4周。艺术家驻访期间印制的每件版画作品将被分成两部分：“坦德姆版画”留存一半作品，用于出售，艺术家可以拿走另一半作品。通常，艺术家会将他们的那一半版画作品也交给“坦德姆版画”出售，双方都可以因此获利。

ULAE是纽约的一个著名的版画工作室，贾斯珀·约翰斯和劳森伯格曾于20世纪60年代在ULAE开始了他们的版画创作。我现在的大学和ULAE版画工作室有些合作关系，但我们只是把本科生送到那里实习。作为一家版画工作室和驻访机构，ULAE与艺术家之间的合作，类似于“坦德姆版画”的模式。

问：请再介绍一些您在美国之外的驻访经历。

答：日本有一些资金充足的驻访项目，我去过两个。“神山艺术家驻访项目”（Kamiyama AIR）就是其中之一。项目为驻访艺术家提供机票、津贴、住房、汽车、油费、摄影棚、门票等。该项目实际上是由神山町的居民具体负责运营的，所以是一个当地人把他的车借给了我。“神山艺术家驻访项目”是为期三个月的驻访项目。重要的是，在驻访完成之后，他们又邀请我去过几次，进行每次为期一周的驻访，为当地做一些特别的艺术项目。

我去的日本另一个项目是“阿波和纸厂艺术家驻访项目”。阿波和纸厂距离神山町只有40分钟的车程，所以我当时是住在神山，每天往返完成了两周驻访项目。我不会日语，所以必须有一个翻译的辅助（一个朋友帮我翻译的）。在项目的开展过程中，艺术家必须先提交一个驻访计划（想法），经过认可之后，阿波和纸厂会在厂房里给艺术家指定一块地方，用来完成造纸创作。艺术家只有在工厂开门的时候才能工作。

（三）何文津访谈

（1）采访人：刘京。

（2）采访对象：何文津（Wuon Gean Ho），英籍华人艺术家，英国*Printmaking Today*杂志编辑。

（3）采访方式：在线。

（4）采访内容：

问：请谈谈您对国际艺术家驻访项目的感受及看法。

答：艺术家驻访项目的概念，是给予艺术家时间和空间来创作新作品，或进行创作的反思，通常是没有举办展览或进行创作的规定及压力的。远离常规的生活，没有制作特定作品的压力，使得艺术家可以自由地“玩”，通常他们会比平常创作出更多的东西。最好的驻访项目会为艺术家提供免费住宿、工作室、往返交通费用和津贴。有的驻访项目周期长达一整年，如简·范艾克学院艺术家驻访项目（Jan Van Eyck Academie）。有些驻访项目很小，就像我在的东伦敦版画工作室（East London Printmakers）一样，他们只提供工作室，艺术家必须自己找住处。

（四）马乔·德芬访谈

（1）采访人：刘京。

（2）采访对象：马乔·德芬（Marjorie Devon），美国新墨西哥大学塔玛琳德学院原主任。

（3）采访方式：在线。

（4）采访内容：

问：请谈谈您对高校国际艺术家驻访项目的看法。

答：关于驻访项目，我认为你们学校做这件事的方式（比如：斯科特在 XIPC 的驻访）就很好。我所知道的高校艺术家驻访项目，邀请艺术家驻访的时间周期长短不一，从整个学期到几天时间的驻访都有。通常，艺术家会就自己的作品创作举办讲座，同时，与学生面对面讨论学生的作品。实际上，我认为长时间的驻访更好，因为这有利于建立艺术家与学生之间的联系；长时间的驻访，对于版画家的驻访与创作更有优势。在网络上可以搜索到很多的驻访项目链接。

（五）迈克尔·巴尼斯访谈

（1）采访人：刘京。

（2）采访对象：迈克尔·巴尼斯（Michael Barnes），美国伊利诺伊大学教授。

（3）采访方式：在线。

（4）采访内容：

问：请谈谈您对高校国际艺术家驻访项目的看法及感受。

答：在美国，确实有一些国际艺术家驻访项目，但大多数是由独立艺术机构主办，而非高校。据我所知，有几个小规模的高校驻访项目，艺术家在进行创作之外，一般还会要求他们承担与学生的合作及一些教学任务。我以前的一个研究生，现在在缅因州艺术学院做一个驻访项目。此外，爱荷华大学（我的 MFA 母校）有一个资助项目，那是一个为期一年的驻访项目，也会要求艺术家做一些教学。在北达科他州的迈诺特州立大学也有类似的驻访项目，也包括教学的任务。

总的来说，致力于艺术家驻访项目的多为独立的艺术机构，如内布拉斯加州奥马哈的贝米斯中心；新墨西哥州的罗斯韦尔公寓；纽约的佛蒙特工作室中心；科罗拉多州的安德森艺术农场等。有的驻访工作室配备有版画设施，而另一些则没有配备。大学里的驻访项目总体比较少见，而且通常只在专业艺术院校或资金非常充裕的综合性大学里。我很想在我们自己学校开展这样一个项目，但我们缺乏这方面的经费。它一般需要特别的资金来支持驻访艺术家，也需要为他们提供工作场所，且最好是私人工作室。我真的认为，对于一个学术项目来说，艺术家驻访是一件很棒的事情。它会为学生们带来独特的专业经验，也允许不断有新的艺术家来加入，不断提供新的艺术视角。

第四章　参与“艺术家驻访项目”学生的体验与展望

2014 年 4 月以来，长沙师范学院美术与设计学院（原美术动画系）开展的国际艺术家驻访项目中，外国艺术家承担的课堂教学已近 600 课时，直接受益的学生来自美术学和动画等多个专业，并来自 2013 级、2014 级、2015 级、2016 级、2017 级等多个年级。在众多的上课学生中，我针对性地采访了近 30 人，并通过这种形式，不断了解他们对驻访项目的体验与感受，同时了解驻访项目对于学生群体所产生的实际价值与影响。作为高校国际艺术家驻访项目，对学生的作用和意义是至关重要的。在访谈中，所有学生对于驻访项目的积极作用都是非常认可的，且不同的学生分别从各自的角度谈了各自的收获与展望。同时，学生也针对长师的驻访项目提出了颇为中肯的想法与建议。在这里，我选择性地呈现了来自不同年级 12 名同学的访谈内容，并提前进行了整理和适当删减。这些学生现在多数都已经毕业离校，他们的谈话具有充分的说服力和可信度。同时，这些访谈也为已经开展和将要开展国际艺术家驻访项目的高校，提供了珍贵的参考资料。

访谈（一）

1. 学生姓名：唐逸舟。

2. 学生班级：13 级美术教育 301 班（专升本后入 14 级美术学 403 班）。

3. 访谈内容：

问：在学校期间，参与“艺术家驻访项目”的体验与收获如何？

答：从专业学习方面来说，驻访项目的开展使我们可以博采众长，在更加生动、真实的方式中获取各种技法及理念。此外，在与外国艺术家的交流中，某些日常或创作过程中意想不到的小细节，如：水印木刻的对版技术、不同材料的物性认知、不同刀法的尝试、刻刀的保养等，都会对提升自己的专业水平产生深刻的影响。

大学期间，学生是海绵，周边的任何事物，都会成为其学习借鉴的对象。在某种意义上，驻访艺术家就像是一堂综合的课程。由于国籍、种族、宗教信仰、文化背景等的各种差异，驻访艺术家带来的影响对于学生时期的我是非常有益的。对工作的执着、认真，对生活的热爱与珍惜，对友情的重视，这些都是外国艺术家带给我的真切感受。

问：来长师的外国艺术家中，你印象最深的是谁？为什么？

答：我接触的第一位驻访艺术家是美国的西蒙・科刚老师。那时候我处于 18 岁的年纪，见到外国艺术家，只是觉得新奇、有意思；同时，西蒙与我们的年龄差距很大，而且我们当时对泥塑的了解也不多，所以课堂上感受到的更多是长辈般的关怀与教导吧。

除了西蒙，韩国的裴男庆老师也让我印象深刻。在她身上我确实学到了许多新奇的、不一样的水印木刻技法。我家里至今还有一张她用来保持纸张湿度的隔热纸，虽然她是在长沙的超市买的，但对我来说同样是很有意义的。此外，我还有她当时送的纪念品和毛笔。周末带她在长沙考察的时候，也有很多因为文化差异而发生的有趣的事情。在与她的日常交流中，以及从她作品的内容中，我也可以感受到韩国社会的一些现状，那也是很有意思的一些信息。

美国的艺术家斯科特与他的荷兰记者女朋友珊妮，也让我印象深刻。我与他们相处的时间应该是最久的。斯科特是做综合版画创作的，他在进行感光树脂版显影的时候，是用手机秒表计时的；裁纸的时候，他也是一点一点去进行的，非常严谨。周末我还带他们一起去橘子洲看了烟花秀，他们也请我去清吧喝过茶。虽然我英文不够好，但即便有时候语言不通，也能顺利交流和共享快乐。

问：你认为国际艺术家驻访项目对于学校或学生有哪些作用和价值。

答：对学校来说，国际艺术家驻访项目提高了学校的知名度，同时也更好地落实了教学任务，益处很多。我们学校在这方面真正做到了人无我有，人有我优。

对学生而言，驻访项目开阔了我们的视野，使学生今后的发展方向有了更多的可能性。通俗一点说，至少会使学生在个人交流、专业学习等方面变得更加自信。

问：你认为学校应该继续开展国际艺术家驻访项目吗？为什么？

答：应该继续。一能扩大学校专业影响，提升知名度。二能让学生主动获取更多的专业信息，有更多的渠道与来自不同文化背景的外国艺术家进行交流。

问：你在别的高校中看到过或听说过类似的驻访项目吗？有的话请说说看。

答：湖南大学、中南大学、湖南师大，都有类似的项目，但不限于美术专业，美术类的专业似乎偏少。

问：国际艺术家驻访项目对于你毕业后的升学、读研、工作或生活曾经产生过某些帮助或影响吗？

答：在生活各方面，吸收了外国艺术家的一些优点，同时让自己变得更加自信了。工作方面，一定程度上是因为他们的影响，自己变得更有条理性，能在繁杂的事务中做到游刃有余。对我而言，其实驻访艺术家的影响已经融入我的专业和日常行为方式中去了。我不能说有哪一件事是对我影响最深的，因为与他们相处，更多的是润物细无声的影响。

问：你对学校开展的国际艺术家驻访项目有何建议或展望？

答：在我参与过的许多艺术家驻访项目中，我感受到学校一直在不断改进。在专业方面，学生与艺术家的交流做得非常好。如果一定要我提建议，我就希望学校可以更好地宣传和扩大影响，在条件允许的情况下，让已毕业的学生和相关专业的社会人员都能参与其中，使得更多人受益于国际艺术家驻访项目。

2014 年西蒙·科刚在长沙师范学院的讲座现场

访谈（二）

1. 学生姓名：陈嘉迪。
2. 学生班级：13 级美术教育 301 班（专升本后入 14 级美术学 403 班）。
3. 访谈内容：

问：在学校期间，参与“艺术家驻访项目”的体验与收获如何？

答：国际艺术家驻访项目对我来说意义很多，它丰富了我的专业学习生活；外国艺术家的教学给了我一种全新的学习体验，也是一段宝贵的经历，给我的艺术创作带来了很多新的思考。跟随来自世界各地不同国家、不同艺术领域的艺术家学习交流，可以直观地感受他们不一样的艺术创作方法与表达方式，既能提高自身的艺术修养，又能丰富自身的艺术创作方法。例如：韩国的裴男庆老师是我看到的第一个用机器印水印版画的艺术家，她的制版过程也非常独特；英国的何文津老师让我认识了很多不一样的水印版画工具，学习了木刻刀的保养方法，同时见识了一些不一样的水印版画印制技术。

2016 年裴男庆为湖南省版画家及长沙师范学院师生举行工作坊现场

问：来长师的外国艺术家中，你印象最深的是谁？为什么？

答：对我来说，在来长师的外国艺术家中，印象最深的是西蒙。西蒙第一次来的时候我才上大一，西蒙第二次来的时候，我已经是大四，在准备毕业了。虽然西蒙更多的艺术表现方式是雕塑，而我自己在大学的专业方向是版画，但在跟西蒙的学习和交流中，他的观察和艺术表达方式，给我带来了很多艺术创作上的启发。

问：你认为国际艺术家驻访项目对于学校或学生有哪些作用和价值。

答：我认为国际艺术家驻访项目把世界各地的艺术家邀请过来，与学生面对面交流，可以带来的是不同艺术家对于艺术的不同观念、不同看法和不同的表现方式。既能拓展学生的艺术眼界，又可以使学生更加生动、直观地感受到不同的艺术风格，了解不同国家的当代艺术风貌，进而使学生的艺术表达形式更加多元。

问：你认为学校应该继续开展国际艺术家驻访项目吗？为什么？

答：我认为应该继续，这是一种很好的学习和交流方式。

问：你对学校开展的国际艺术家驻访项目有何建议或展望？

答：可以结合学校的专业课程学习情况，在不同的阶段，邀请不同的艺术家。

访谈（三）

1. 学生姓名：谭炜。

2. 学生班级：14 级美术学 403 班。

3. 访谈内容：

问：在学校期间，参与“艺术家驻访项目”的体验与收获如何？

答：从大一开始，我就陆续接触到参与国际艺术家驻访项目的艺术家。最直观的感受就是对于艺术的了解和认识越来越深刻。这些驻访的艺术家大多给我们教授了课程，同时举行了讲座、展览，并与我们在工作室里一起创作。这些经历使我能更加直观地看到、感受到这些艺术家的工作方式、创作思路，以及怎样进行构思，怎样利用身边现有的媒介材料因地制宜地进行创作。这些对于我的思考方式和创作方式都产生了深刻的影响，同时影响了我对于版画艺术的态度，使我能以一种更加轻松的态度进行艺术创作。此外，对我最重要的一点启示就是：作品要从自身出发，与自身有联系，同时与社会或者所关注的事件要有联系。

问：来长师的外国艺术家中，你印象最深的是谁？为什么？

答：我印象最深刻的是利兹·萝丝，一位来自美国俄克拉荷马州立大学的教授。一是其驻访时间相对较长，驻访次数最多；同时我作为其助理，协助其进行丝网版画的创作过程中，对她的创作思路和想法有了深刻的了解和认识，对我的影响也很深。二是其艺术创作的方式和乐观积极的处事态度对我影响很大。我至今还记得她讲座的主题是艺术与环境的关系，同时，她自己的创作也大多与身边所处的环境关系密切。她所做的一些艺术创作，我现在想起来还是有很深的印象。

2018 年美国艺术家利兹·萝丝讲座现场

问：你认为国际艺术家驻访项目对于学校或学生有哪些作用和价值？

答：有利于提升学校整体艺术影响力，同时更加有利于学科、专业的建设。这些驻访项目由学校来发起，既能促进专业整体实力的提升，也能调动同学们学习专业的积极性。驻访项目能使学生更加直观地了解专业知识，更加有兴趣努力地进行专业研究。同时，这些项目也能开阔同学们的视野，使他们的知识不仅仅局限于书本和课堂的内容，对于所学专业也会有更加深层的认识，从而能够积极探索更多的艺术可能性。

问：你认为学校应该继续开展国际艺术家驻访项目吗？为什么？

答：我认为应该继续开展。一是有利于学校的专业建设和影响力的整体提升；二是对于学生的学习、艺术创作等各个方面都是有利的。从以前的驻访项目来看，学生对于外国艺术家任教的课程积极性更高，更加主动，在课程中所学到的知识也更好地被利用了起来进行艺术创作，也都取得了一定的创作成果。这些驻访项目也在深刻地影响着学校专业实力的提升。

问：你在别的高校中看到过或听说过类似的驻访项目吗？有的话请说说看。

答：国内的驻访都是各地艺术机构或专业美术馆举办得较多，高校的驻访则大多以美院为主，而且多数都是以讲座或展览的形式出现。与学生在同一个工作室一起创作，或者进行很长一段时间的课程教学，这样的驻访项目还是比较少见的。

问：国际艺术家驻访项目对于你毕业后的升学、读研、工作或生活曾经产生过某些帮助或影响吗？

答：作为第一批受惠于国际艺术家驻访项目的学生，其对于我的专业学习等各方面都起到了很大的作用。这尤其体现在我后来读研期间。我在长师与外国艺术家交流的这些经历，都是我那些本科毕业于其他院校的研究生同学所没有的。我认为自身的眼界与对专业的认识程度都比其他的研究生同学更宽广和深入。在进行艺术创作的过程中，我会进行多方面的、更加深层次的思考，更加活跃也更加自由。本科期间我跟驻访艺术家所学到的一些专业技法，也都可以被灵活运用在自己的创作中，使作品更加独具特色。

问：你对学校开展的国际艺术家驻访项目有何建议或展望？

答：一是硬件设备的提升。版画创作对于设备和工作室环境要求很高，提供一个设备、环境优良的工作室，才能使驻访艺术家的创作过程更加顺畅。现在我们学校新工作室的条件和环境已经足够好了。二是专业的艺术家助理的配备，这也是十分必要的。

访谈（四）

1. 学生姓名：杨胜政。

2. 学生班级：15 级美术学 403 班。

3. 访谈内容：

问：在学校期间，参与“艺术家驻访项目”的体验与收获如何？

答：因为我来自相对偏远的地区，没出过国，也没怎么接触过其他国家的艺术与文化，只是专注于弄自己的作品。因为艺术家驻访项目，学校来了很多外国艺术家，通过课内、课后与他们的交流，拓宽了知识面，更重要的是明白了艺术这个东西并不局限于条条框框和各种形式之中。我的作品通常都是重表现不重表达的，并没有真正把自己融入作品里。但通过与外国艺术家的交流、沟通，以及观察他们对艺术的态度，我转变了观念，也试着通过作品表达自己的思想。虽然我的表达略显稚嫩，但也在慢慢进步中，这应该是驻访项目对我最大的影响。

问：来长师的外国艺术家中，你印象最深的是谁？为什么？

答：我印象最深的是何文津老师。有一件事情记忆最深刻。那是一堂水印版画实践课，当时，我和朱紫荆同学正处于没有刷子可用的窘境。何老师看见我们两个没有水印刷子，就同意借两把刷子给我们，并反复叮嘱我们一定要小心规范地使用。可能是第一次使用那么好的刷子，一时间太紧张，忘了按老师说的去做，还可能伤到了刷子，而这一切正好又被何老师看见了。我至今能记得何老师当时那种惊慌和心疼的眼神。由此，我明白了创作工具对于艺术家的特殊意义，如侠客的刀，又如作家的笔。当时我太紧张了，甚至都没有道歉。在这里还是要向何文津老师道个歉，真的对不起！

问：你认为国际艺术家驻访项目对于学校或学生有哪些作用和价值。

答：艺术没有国界，艺术家驻访项目对于学校来说，可以增强影响力，让学校的艺术氛围更浓厚；国外的艺术家与国内艺术家的思维碰撞，也许还能擦出不一样的火花。对于学生来说，可以让学生体验到不同的艺术教育方式，看到很多风格迥异的艺术作品，开阔眼界；从而让学生知道，艺术是可以各美其美，和而不同的。

问：你认为学校应该继续开展国际艺术家驻访项目吗？为什么？

答：当然要大力开展，促进文化交流。国际艺术家驻访项目既有利于中国文化的传播，也可以让我们开阔眼界，了解不同的文化。

问：你在别的高校中看到过或听说过类似的驻访项目吗？有的话请说说看。

答：不怎么了解其他学校，我认为我们学校已经开展得很好了。

2017 年英国艺术家何文津教学现场

2017 年英国艺术家何文津创作现场

问：国际艺术家驻访项目对于你毕业后的升学、读研、工作或生活曾经产生过某些帮助或影响吗？

答：虽然对工作、升学没有直接的影响，但是对生活还是有些影响的。外国艺术家的为人处事，对待作品的态度，对艺术的理解，这几个方面我学到了很多，这些在今后生活中的很多地方也会用到。

问：你对学校开展的国际艺术家驻访项目有何建议或展望？

答：主要是设施方面吧。目前学校的工作室条件还不够好，创作要使用的机器、工具不是很齐全，工作室的条件对于驻访艺术家来说也有不够用的情况。工作室的卫生条件也还可以适当改进。开展驻访项目的频率还可以有所提升，当然是在经费充足的前提下。

访谈（五）

1. 学生姓名：于杨柳。

2. 学生班级：15 级美术学 403 班。

3. 访谈内容：

问：参与“艺术家驻访项目”的体验与收获如何？请谈谈你对长师的

国际艺术家驻访项目的建议或展望。

答：在校期间，国际艺术家驻访项目对我而言，最大的影响是我有和国际艺术家近距离接触的机会。虽然没有频繁的语言沟通，但在近距离观看艺术家创作的过程中，我学到了很多。既开阔了眼界，同时也给我提供了创作中的一些灵感。

国际艺术家驻访项目对我的毕业创作也起到了直接影响。在我做毕业创作的那段时间，我刻意地去回忆之前驻访艺术家的一些创作过程及作品，从中获取了灵感。比如：何文津对作品的细心和耐心，西蒙对作品的大胆与随性等。来长师的外国艺术家中，我印象最深的就是何文津女士。因为她虽然来自英国，但她给我的第一印象却有着中国人的特点。另外，她的水印作品效果很柔和，就像她自己的性格一样，温柔和善。

国际艺术家驻访项目对我的同学来说，增加了大家的阅历，使大家可以看到不同国家艺术家的作品面貌。此外，不管是艺术创作还是语言学习方面，都会对大家产生一种激励作用吧。学校应该持续开展国际艺术家驻访项目，让学生了解多种艺术形态，同时，也让国外艺术家了解长师。另外，我认为学校在开展国际艺术家驻访的过程中，可以适当多安排一些课时，确保大家跟驻访艺术家的交流和学习时间可以更充足。

2018 年美国艺术家利兹 · 萝丝 & 麦克斯 · 怀特创作现场

访谈（六）

1. 学生姓名：张景然。

2. 学生班级：16级美术学402班。

3. 访谈内容：

问：在学校期间，参与“艺术家驻访项目”的体验与收获如何？

答：在我们短暂的人生中，我们所做出的种种选择并不是“对”与“错”，而是“对”与更轻松，更舒服，更容易。大学四年，因为选择参加了学校的国际驻访艺术家助理的工作，近距离接触了各种不同风格的艺术家，深入了解了他们的创作理念，与不同年级的学长学姐们协作完成各项工作，认识我人生中最敬佩、最好的老师，这些都成为我人生中不可磨灭的记忆。每当回想第一次踏入409工作室，看到边宏强学长正在版画机前印画，看到工作台上一幅幅新鲜出炉的作品，恍如昨日。直到现在，在“409”认识的人，发生的事，就好像是一个梦，一个属于自己的“艺术家的梦”。

2017年美国艺术家恩迪·珀斯科维奇教学现场

问：来长师的外国艺术家中，你印象最深的是谁？为什么？

答：我印象最深的驻访艺术家是恩迪·珀斯科维奇无疑。他独特的性格，严格的要求，对艺术一丝不苟的态度，我在第一次与谭炜学长去黄花机场接机就深刻体会到了。现在回想，因为他的一句话，我们全部学生加班加点刷画框的累全然消失，有的只是对他的敬佩。我甚至觉得他有点“可爱”吧，虽然他肯定不记得我了，但他无疑是我认识的人里最像艺术家的艺术家。都说艺术家是“疯狂”的，但在他身上，我看到了什么是真正的热爱。他讲的很多话都深深地印在了我的脑海里，对于当时大一的我来说，不能全部理解，但却因此增加了对艺术的敬畏。有一次饭后走在路上，他随手捡起了一片树叶对我说：“你觉得它是什么？”傻傻的我用有限的词汇量说了句：“withered leaves”。他大笑并说道：“在你眼里他是普通的树叶，在环卫工人眼里它是垃圾，在我眼里它是大树身体的一部分，是制造氧气的艺术品。很多东西不是它是什么，而是我们想看到什么。”虽然每个驻访艺术家在学校待的时间都不长，但是有机会接触他们，让我开阔了眼界，丰富了阅历，这是我一生受益的。我大学毕业找的第一份工作，那个单位录取我的原因就是由于我有做艺术家助理的经验。

问：你认为学校应该继续开展国际艺术家驻访项目吗？为什么？

答：继续开展这个项目太有必要了。这不仅仅是给艺术家们一个创作的空间，我认为只有先引进来，才能走出去。同学们见得更多，认识得更多，专业能力才能得到更好的提升。

访谈（七）

1. 学生姓名：李梦洁。

2. 学生班级：16 级美术学 402 班。

3. 访谈内容：

问：参与“艺术家驻访项目”的体验与收获如何？请谈谈你对长师的国际艺术家驻访项目的建议或展望。

答：大二上学期的时候，陶艺的驻访艺术家给我们上了一节盲画课，那帮我开启了寻找自己创作风格的实践。当时的课程内容是：(1) 盯着物体画，不考虑形态。(2) 先观察物体，然后闭眼画想象的细节。(3) 改变物体，闭眼画出物体的完整性。

来长师的外国艺术家中，我印象最深的是西蒙，主要原因是他待的时间比较长，接触的次数比较多。西蒙待人热情，还会逼我们说英语，聊了很多有意思的事情。受西蒙影响，我知道平时的作业也可以成为作品，作业不应为了分数而作，自己喜欢才最重要。有些外国艺术家教的技法、创作方式，对同学们的影响很大。但一方面由于学生的外语水平有限，跟外国艺术家交流时稍有困难；另一方面，艺术家普遍驻访时间偏短，且驻访频率不够高。多进行国际艺术家驻访，可以促进文化交流，让学生的艺术理念更加多元，眼界也更加开阔。

访谈（八）

1. 学生姓名：周馨汝。

2. 学生班级：17 级美术学 403 班。

3. 访谈内容：

问：在学校期间，参与“艺术家驻访项目”的体验与收获如何？

答：对我来说，国际艺术家驻访项目给我最直接的感受，就是得到了非常正面的肯定。由于我自己性格上比较敏感，从小到大，都是让身边的朋友觉得比较极端的人。我一般对直接说出口的这种肯定不是特别信任，但在学校的国际艺术家驻访项目中，当我得到了法国老师马克和玛丽昂的肯定时，我觉得那种肯定没有一般的世故，因此比较可信。他们的肯定是对我作品的直接肯定，是最直接的那种，所以不会让我有怀疑。那对我来说真的是一次特别大的鼓励。

问：来长师的外国艺术家中，你印象最深的是谁？为什么？

答：外国艺术家中，我印象最深，也是唯一有过接触的，就是来自法国的马克和玛丽昂。因为是第一次跟外国艺术家接触，而且语言不通，大家在交流上的确有些笑话和尴尬。但因为双方交流的中心点都是放在作品上，所以能拿作品直接交流的话，真的是一件很了不得的事情。两位艺术家给了我很大的鼓励与认可，他们买了一件我的作品，而且与我交换了作品。那是我第一次卖出了自己的作品，更是第一次得到艺术家的作品。

问：你认为国际艺术家驻访项目对于学校或学生有哪些作用和价值？

答：国际艺术家驻访项目这种交流方式，我觉得能很好地提升专业自信。我们能够直接用中文跟法国的老师进行慢语速的交流，同时夹带着慌张的手势，居然相互能明白对方的意思，羞怯的同时也伴随着雀跃。在马克给我们上课的那一段时间内，也深深感觉到了同学们都很努力而带来的压力，每次熬夜弄作品的时候都是痛并快乐着的。没有选择我们绘画方向的小伙伴们，看到我们有这么好的学习环境与资源，他们心里可能也是相当的羡慕吧。我都可以感觉到身边最要好的小伙伴也醋意浓浓的，这种感觉太微妙了，太有意思了。

问：你认为学校应该继续开展国际艺术家驻访项目吗？为什么？

2019 年法国艺术家马克 · 布鲁尼尔公教活动现场

答：应该开展这个驻访项目，这种项目真的是给了我们非常难得的机会。它是创造条件让我们了解不同的文化与见解，而且驻访的艺术家都有着很强的专业能力。校内的这种驻访项目就是主要为了教学和文化交流，是相当纯粹的存在。在我们大学期间那种心无旁骛的阶段，那真的是很好的时机。那种驻访项目的出现，对专业学习来说带有很强的引领性，所以对学生来说会有很多的可能性。

问：你在别的高校中看到过或听说过类似的驻访项目吗？有的话请说说看。

答：对于其他学校不太了解，这种项目的存在，它肯定是积极的。

问：国际艺术家驻访项目对于你毕业后的升学、读研、工作或生活曾经产生过某些帮助或影响吗？

答：驻访项目最直接的是对生活的影响吧。生活是贯穿始终的最主要的载体，你自己对专业的理解，还有你选择看的书，你所知道的事，加上你自己的表达方式等，放在你的作品里边，他会是每个人的一个出口。驻访项目强化了我对生活与创作这件事情的理解，即使我明白自己可能无法靠作品去解决生活中最实际的问题，但那种正向的、积极的意识一旦存在了，它就会像有了肌肉记忆一样，使我始终能够旷达而坚定地面对生活。驻访项目的影响绝不仅仅只是专业方面的东西，对我而言，通过与马克、玛丽昂的交流，我是真的自信了许多，这种自信也将越来越稳固。

问：你对学校开展的国际艺术家驻访项目有何建议或展望？

答：给咱们美术与设计学院配个专职的翻译吧。

访谈（九）

1. 学生姓名：王琪。
2. 学生班级：17 级美术学 401 班。

3. 访谈内容：

问：在学校期间，参与“艺术家驻访项目”的体验与收获如何？

答：在课堂上，我体验到了不一样的教学方式。在艺术家马克的第一堂课上，他没有设置常规性的主题让学生进行创作，而是要求学生不通过思考直接在木板上先刻一些痕迹，然后从这些痕迹出发寻找创作的内容。我是一个在创作上特别小心的人，我在做版画时会完全依照草图进行，在我的画中几乎没有任何偶然性。所以，马克的教学内容，对我来说是种突破，这是我为数不多的契机。不把创作当任务，而是从“玩”入手，在刻板子的过程中感受刀刻的痛快。在之后的创作中，我也不再完全拘泥于草图，在某些时候，我还会刻意打破草图的约束。

问：来长师的外国艺术家中，你印象最深的是谁？为什么？

答：印象最深的是法国艺术家马克。第一，是因为马克的教学方式很特别，打破了我一贯小心翼翼刻板子的方式。第二，在艺术家驻访期间，我看到过马克刻板子的全过程。他在没有草图的情况下，也没有预先的具体构思，直接在板子上创作，在此过程中没有任何停顿，如行云流水。马克已经熟练到不经提前思考就可以创作出任意的图像，他的整个创作过程就像文同画竹子一样。

问：你认为国际艺术家驻访项目对于学校或学生有哪些作用和价值。

答：我认为对于学校而言，驻访艺术家与学校老师在教学方面的交流是非常重要的。国内外教学方式和教学态度有所不同，学校老师可以通过交流，吸收一些国外教学方式的优点。对于学生而言，不一样的教学方式会让学生获得与平时不同的课堂体验，不仅能增长技术方面的见识，也能获得人文素养上的提升。

问：你认为学校应该继续开展国际艺术家驻访项目吗？为什么？

答：我支持学校继续开展该项目。该项目对于学生而言是非常有意义的。学生可以从该项目中增长见识，获得一些专业上的帮助，尤其是在思考问题的方式上以及创作思路上会得到很多启发。此外，也可以锻炼语言能力，收获国际友谊。

问：国际艺术家驻访项目对于你毕业后的升学、读研、工作或生活曾经产生过某些帮助或影响吗？

答：该项目对我的创作方式以及创作的态度都有很大的影响。最大的影响就是突破了自己一贯的创作方法。我在创作中一贯都是过于认真严肃的，很少能像在马克的课堂上那么“洒脱”地刻板子，“玩”刀子。那种纯粹的、没有目的、愉快的方式，让我更加热爱版画，更能感受到创作的乐趣。

问：你对学校开展的国际艺术家驻访项目有何建议或展望？

答：第一，学校邀请驻访艺术家进行的教学活动中，可以允许不同专业的学生来一起听课，促进专业、学科的交叉。第二，在艺术家驻访期间，学校可以适当调整学生的必修课程时间安排，使学生与驻访艺术家的交流时间更加充裕。

2019 年法国艺术家马克创作现场

访谈（十）

1. 学生姓名：刘钰艳。

2. 学生班级：17 级美术学 403 班。

3. 访谈内容：

问：参与“艺术家驻访项目”的体验与收获如何？请谈谈你对长师的国际艺术家驻访项目的建议或展望。

答：国际艺术家驻访项目，通过讲座、课堂实践，间接或直接地增加了我对专业的兴趣，以及拓宽了我的见识。通过与驻访艺术家的接触，我可以了解到不同艺术家的风格，学习到更多知识，认识到创作的趣味。我印象最深的艺术家是法国的马克·布鲁尼尔老师。马克幽默风趣，课堂中和他交流很轻松，能学到很多关于版画的知识。马克的版画作品有属于他的独特风格，有很多值得我学习的地方。国际艺术家驻访项目极大地提高了我对版画创作的兴趣，也促使我坚定了考研的决心。

我认为国际艺术家驻访项目益处很多。一方面，对于学校来说，有利于老师与驻访艺术家之间的交流，也有利于营造良好的校园文化氛围。另一方面，对于我们学生说来，通过讲座和课堂教学的形式，同样也增加了艺术家与学生之间的交流，提升了学生对艺术的兴趣，拓宽了学生的知识面，提升自身的艺术素养，好处多多。学校应该继续开展国际艺术家驻访项目。因为我认为学习不应该只局限于学校已有的课程，能够真实接触更多不同的国际艺术家，对学习已有的课程也是有帮助的。

访谈（十一）

1. 学生姓名：朱珊。

2. 学生班级：17 级美术学 403 班。

3．访谈内容：

问：参与“艺术家驻访项目”的体验与收获如何？请谈谈你对长师的国际艺术家驻访项目的建议或展望。

答：国际艺术家驻访项目的作用在于接触异国文化，思想碰撞，头脑风暴，感受差异，在意识上融合，接受新的理念等。驻访也会带来一些平时难以接触到的艺术资源，使我们可以体验不同的艺术方式。驻访项目的影响也不一定是即时的、立竿见影的，应该是长远的。我印象最深的驻访艺术家是马克。有一次，我做了一张黑白木刻的作业，是很敷衍应付完成的，马克却很欣赏，大为夸奖。一句话真的足够影响和改变一个人，在那次之后，我对版画的感情就被升华了。

在与驻访艺术家的交流中，我获得的感悟很多：我们一般都希望每一分付出能得到回报，但艺术这个东西，不一定非要产出被人认可的东西；每天能够花点时间在自己的作品上就很好了；同样，不一定非要从事艺术这一行的工作，才是做艺术，生活本身也可以很艺术。对我工作上的影响的话，就是让我认识到，不要着急去得到肯定，而是要先努力提升自己的能力。

国际艺术家驻访项目对学生专业能力和社交能力都会有提升作用。异域文化之间的交流碰撞，总会产生出火花。经过与马克的交流，我觉得同学们不要因为语言障碍就去拒绝沟通。沟通的方式有很多种，只要你愿意表达，艺术家们一般都会很热情地回应。驻访交流期间的重点不是出多少作品，而是交流本身，不能太过功利。我认为学校应该多多开展国际艺术家驻访项目，提高驻访频率。

访谈（十二）

1．学生姓名：丁辰。

2．学生班级：17 级美术学 403 班。

3. 访谈内容：

问：参与“艺术家驻访项目”的体验与收获如何？请谈谈你对长师的国际艺术家驻访项目的建议或展望。

答：在校期间，国际艺术家驻访项目对我产生的影响主要有几个方面：(1) 艺术无论是在国内还是在国外都是非常接地气的，外国艺术家也一样，非常朴素。他们让我感觉到艺术的真实性，没有之前那种疏离感。(2) 驻访艺术家有时候像一支催化剂，他们带来的一些艺术作品，可以拓展我们的审美认知的水平。(3) 与驻访艺术家的交流给了我很多启发，这些启发有时候能够帮到自己；在生活和创作中的某些时刻，会突然觉得灵光一闪，很多之前的影响就会凸显出来。

我认识的有三位艺术家，法国的马克和他的助理玛丽昂，还有美国的利兹女士。首先，和他们交流你会发现，生活中有时候不需要委婉含蓄的表达。只要你够直接，够热情，就能跟他们顺利交流。他们的作品也是如此。其次，我想说一下马克的作品。不知道是来中国之前已经把草稿都想好了，还是真的即兴发挥，他的刻版速度确实惊人，给人一种很随意、很释放的感觉，像是在表演。他的作品印出来很好看，刀法、功力真的不错，把那几把刻刀玩活了，就像用刀在画画。马克作品的画面关系很到位，内容很新颖，很真实。当然，他画面中那些谚语、俗话、寓言，我不是很懂。不经过他自己的解释，有的作品确实有些难懂。有时候我们作品里的一些意思，他也不懂，需要我们解释。这里面真的是一种文化的交流。

国际艺术家驻访项目对于学生的价值就是增长见识，提高审美认知水平。其实作为学生，刚开始我们也挺懵懂的，正是出于一种好奇，一种新鲜感，才会有兴趣去和外国艺术家学习、交流。真正的作用有点像在心里播下一颗种子，慢慢地才会发芽吧。我觉得艺术家们来了，和师生们做一些艺术交流确实挺好的。但以后这种交流是不是可以更加有针对性，形成一个与教学完全匹配的体系，那就更好了。

美国艺术家斯科特·路德维格公教活动现场

第五章　国际艺术家驻访项目信息汇编与介绍

通过现场考察、在线访谈调研等进行多方搜集，笔者将收集到的数十个重要国际艺术家驻访项目信息进行了系统化的分析与整理，并进行了选择性的筛减，在此处予以汇编和简要介绍。这既是为了方便各高校在开展艺术家驻访项目之前进行调研和考察，也是为了便于国内驻访机构与国外机构之间的联系，同时为有驻访意向的高校师生、艺术家提供获取资讯和申请的渠道。驻访项目的样式是非常多样的，驻访机构的性质也千差万别，更多地了解国内外的各种驻访项目，能为高校开展艺术家驻访提供更多的思路与启示。此处汇编的项目信息，可能填补了国内关于艺术家驻访项目资讯整理的空白，具有一定的开创性。希望这些信息，能够帮助到有需要的相关机构及艺术家个人。

第一类 高校国际艺术家驻访项目

（一）UMCA 艺术家驻访项目

1. 英文名称：UMCA Artists Residency Program。

2. 驻访机构：马萨诸塞大学阿默斯特分校当代艺术博物馆（Museum of Contemporary Art，University of Massachusetts Amherst）。

3. 驻访地址：美国马萨诸塞州阿默斯特市。

4. 项目介绍：

（1）该项目是基于马萨诸塞大学阿默斯特分校 1961 届毕业生的捐赠而建立的。UMCA 驻访项目成立之初的设想是建立一个为期 10 年的项目，这在高校艺术家驻访的历史上可能是发端。UMCA 的驻访从一周到几个月不等，面向所有学科的国内外艺术家，包括绘画、雕塑、版画、数字艺术、装置艺术、摄影和视频等各个领域。艺术家将驻访期间创作的作品捐赠一件给 UMCA 永久收藏，另外捐赠两件作品用于销售，销售所得的经费使项目在运营 10 年后得以持续。

该项目由马萨诸塞大学阿默斯特分校当代艺术博物馆（UMCA）与该校的艺术系、艺术史系和建筑系合作管理。驻访艺术家由一个三人委员会挑选，委员会由 UMCA 主任、一位现当代艺术史教授和一位工作室项目主任组成。该项目为马萨诸塞大学阿默斯特分校的学生提供了直接接触一些杰出的艺术家的机会。学生有机会与艺术家合作创作新的作品，参加艺术家课程、学术讲座、工作坊等。该项目为致力于创新和探索的艺术家提供驻访机会，并鼓励艺术家通过教学和指导推动课程和人才培养。通过这一具有创造性的合作过程，艺术家们有助于促进跨学科研究和文化交流，同时促进学生的学习。艺术家与师生、研究人员的紧密合作，可以营造出一种创新和解决问题的良好氛围，其产生的贡献是不可替代的。

（2）驻访待遇：提供工作室、展览机会，提供与师生合作、交流的机会等。

（3）驻访对象：成名的艺术家，来自绘画、雕塑、版画、数字艺术、装置艺术、摄影和视频等各个领域均可。

（4）驻访周期：一周到几个月不等。

（5）如何申请：按要求在线提交申请资料。

（二）哥伦比亚大学法学院艺术家驻访项目

1. 英文名称：Columbia Law School Establishes Artist-in-Residence Program。

2. 驻访机构：哥伦比亚大学法学院（Columbia Law School）。

3. 驻访地址：美国纽约市。

4. 项目介绍：

（1）哥伦比亚大学法学院艺术家驻访项目旨在建立与当地艺术家的合作，凸显法学院的活力与多样性。2021 年 5 月 4 日，该项目正式启动。驻访项目的每位艺术家将需要创作一件受法学院及其环境启发而派生的新作品，这件作品将成为哥伦比亚大学永久收藏的一部分。哥伦比亚大学收藏了超过 13000 件艺术品，收藏体系从古代艺术、装饰艺术、传统肖像画到现当代作品。这些藏品支持着大学的教育项目、课程整合、学术研究等。哥伦比亚大学法学院意识到了艺术表现的力量和象征意义，因此，寻求与当地艺术家合作，并支持他们创作新的作品，这些作品还将充实哥伦比亚大学的收藏体系。驻访艺术家将需要从法学院或校园周围的社区中汲取灵感，创作至少一件新作品。

（2）驻访待遇：每位入选艺术家将获得 15000 美元的补助金，以及最高 5000 美元的创作津贴，用于购买驻访期间相关的创作材料和用品；艺术家还可获得使用哥伦比亚大学校园内的工作空间的机会。驻访艺术家还将有权查阅哥伦比亚大学现有的藏品，以及大学图书馆保存的档案。艺术家还将被邀请参与法学院的学术讲座、分组讨论、表演及法学院的其他相关活动。

（3）驻访对象：主要面向当地艺术家，艺术领域不作限制。

（4）驻访周期：不详。

（5）如何申请：艺术家提交申请材料，委员会负责从中遴选。艺术家应提交详尽的驻访计划，计划中应展示艺术家对一种或多种媒介的精通，并呈现出独特的原创风格。

（三）布伦瑞克艺术计划

1. 英文名称：Braunschweig Projects。

2. 驻访机构：布伦瑞克艺术大学（Braunschweig University of Art）。

3. 驻访地址：德国布伦瑞克市。

4. 项目介绍：

（1）布伦瑞克艺术大学是一所国际性的艺术大学，创立于 1963 年，拥有博士学位授予资格，是德国最大的艺术学院之一。该校拥有来自美术、设计、美学、艺术史以及媒体艺术专业的 1000 余名学生。布伦瑞克艺术计划（艺术家驻访项目）创立于 2011 年，已经开展了 10 年有余。每年，布伦瑞克艺术大学（HBK）都会代表下萨克森联邦州政府颁发布伦瑞克驻访项目奖学金，包括：2 项针对声音艺术家的奖学金，5 项针对视觉艺术家的奖学金。该奖学金是下萨克森州支持布伦瑞克艺术大学新兴艺术家项目的一部分。布伦瑞克艺术计划及其奖学金，旨在支持有意在艺术学院的特殊环境中开展集中艺术创作的年轻艺术家。将驻访艺术家（奖学金获得者）融入布伦瑞克艺术大学的教学环境，是该项目努力促进新兴艺术家发展的一种重要方式。然而，驻访艺术家参与教学活动的，大学不会再额外支付费用。

该项目每次接待的驻访艺术家人数无具体限定；艺术家的饮食费用需自理，旅行费用由 HBK 提供。

（2）驻访待遇：驻访奖学金包括持续 12 个月的创作津贴，每月 1250 欧元。奖学金获得者必须在布伦瑞克居住至少 8 个月。在提交具体项目预算之后，HBK 通常还将支付约 5000 欧元的额外补贴，用于创作材料和旅行费用。驻访艺术家还将获得在驻访结束前举办展览的机会。

（3）驻访对象：视觉艺术家与音乐家。

（4）驻访周期：6~12 个月。

（5）如何申请：在线提交申请资料。

（四）IRAA 艺术家驻访项目

1. 英文名称：IRAA Residency。

2. 驻访机构：德国杜塞尔多夫应用科技大学应用美术研究所（Institute for Research in Applied Arts，School of Communication Design，Düsseldorf University of Applied Sciences）。

3. 驻访地址：德国杜塞尔多夫市。

4. 项目介绍：

（1）IRAA 艺术家驻访项目起始于 2009 年，致力于使来自不同文化、区域背景的艺术家和设计师之间能够进行直接和富有成效的交流。项目提供共享的工作空间、图书馆资源与网络。

IRAA 是杜塞尔多夫应用科技大学于 2009 年 1 月 30 日成立的一个“艺术与科学”研究所。该机构源于杜塞尔多夫应用科技大学应用艺术与设计学院（现为新工艺物体设计学院）与“插图及动画实验室”进行的各项研究实践，后者是传播设计学院的一个专业领域。

IRAA 的国际艺术家驻访项目旨在促进青年艺术家和研究者的发展。项目为在应用艺术领域工作的年轻艺术家提供了一个平台，但驻访艺术家必须自己承担经费，或向德国学术交流服务中心（DAAD）及其他基金会等机构申请资金支持。每期仅接待一名入驻的艺术家。项目不收取任何费用，但艺术家需自行承担餐饮、交通、创作材料费等。

驻访结束后，艺术家需提交结项报告，并捐赠部分作品给研究所收藏。

（2）驻访待遇：单间住宿；金属与木艺设备，3D 扫描与打印设备。艺术家还可免费使用与创作相关的大学设施。

（3）驻访对象：青年应用艺术家。

（4）驻访周期：1~3 个月。

（5）如何申请：按要求在线提交申报材料。

（五）阿卡迪亚大学暑期本科生艺术家驻访项目

1. 英文名称：Undergraduate Summer Artist Residency，Arcadia University。

2. 驻访机构：阿卡迪亚大学（Arcadia University）。

3. 驻访地址：美国宾夕法尼亚州格伦赛德市。

4. 项目介绍：

（1）阿卡迪亚大学暑期驻访项目为本科生艺术家提供了一个独特的驻访机会，让艺术家有专门的时间、工作室和专业条件来进行创作、艺术实践和研究。驻访艺术家一般在 7 月至 8 月之间，在阿卡迪亚大学格伦赛德校区进行为期约一个月的驻访。这种驻访是一种独特的艺术经历与体验，本科生一般难以获得这样的体验机会。艺术家在驻访期间，可以在工作室内专注于思考、研究和创作，获得新想法，探索新的创作实践，远离日常生活的干扰。因此，可以有助于提高本科艺术家的创作水平，提升专业声誉，丰富艺术简历。

在条件允许的情况下，驻访艺术家可以往返和居住在校园里。无论选择住在校内还是校外，参与这个驻访项目对于加强创作实践能力都是有好处的。在驻访期间的“艺术特殊研究”课程中，本科生艺术家们将被鼓励尝试特殊的表达媒介，以促进跨学科的创作。该项目将以举办展览的方式进行总结。阿卡迪亚大学暑期本科生驻访项目还会指定一个总的驻访“主题”，为艺术家的创作、互动等营造一个更为有效的环境。类似的主题也用于相关展览及艺术研究计划。2021 年的驻访主题为“变化”。该项目属于收费型驻访，收费方式包括常规收费和套餐收费等。套餐收费会有折扣。部分的收费标准如下（仅做参考）：

A. 两门课程+住宿：3760 美元。包括：校园住房、2 门课程，以及创作材料、用具、体验式环节等。

B. 两门课程（不含住宿）：3200 美元。包括：2 门课程，以及创作材料、用具、体验式环节等。

C. 一门课程+住宿：2255 美元。包括：校园住房、1 门课程，以及创作材料、用具、体验式环节等。

D. 一门课程（不含住宿）：1695 美元。包括：1 门课程，以及创作材料、用具、体验式环节等。

（2）驻访待遇：项目有偿提供创作条件、课程学习等。

（3）驻访对象：本科生（艺术家）。

（4）驻访周期：1 个月。

（5）如何申请：按要求在线申请。

（六）格兰德马雷独立艺术家驻访项目

1. 英文名称：Grand Marais Art Colony Independent Artists-in-Residence

2. 驻访机构：明尼阿波利斯艺术与设计学院（Minneapolis College of Art and Design）。

3. 驻访地址：美国明尼阿波利斯格兰德马雷市。

4. 项目介绍：

（1）格兰德马雷位于明尼苏达州东北部地区，苏必利尔湖沿岸，是一个古雅的海港村庄，分布有画廊、商店和餐馆等。作为明尼苏达州存在时间最长的艺术基地，格兰德马雷艺术基地始于1947年，当时属于明尼阿波利斯艺术与设计学院。从那时起，该艺术基地已成为一个非营利组织，并呈指数级增长。现在，该基地举办密集的沉浸式课程，支持艺术家驻访项目，并打造了几项标志性的品牌活动，包括一年一度的格兰德马雷艺术节和两年一度的北岸读者与作家节等。

格兰德马雷独立艺术家驻访项目为艺术家提供独立的工作空间，同时，创造宽松的创作环境，支持新作品的创作，鼓励实验和探索。格兰德马雷艺术基地每年开展多次驻访。如：2022年的驻访季包括从2022年1月中旬到2022年4月，以及从2022年10月到2022年12月中旬，两个阶段。该项目可提供的独立工作室包括：陶瓷工作室、版画工作室、写作室和多个跨学科工作室。每位艺术家驻访的周期为1～4周，基地可提供住宿。

格兰德马雷独立艺术家驻访项目为收费的驻访。依据不同的驻访时长、不同的驻访内容与工作室，收费各不相同。如：陶瓷工作室、版画工作室的驻访，收费都为1周165美元，2周325美元，3周485美元，4周650美元；写作类的驻访则更便宜，4周驻访的收费为400美元；跨媒介工作室类的驻访收费更高，4周的收费多达1000美元。住宿的收费为25美元/晚和一次性清洁费50美元。

每一个艺术家的驻访期都从每个月的第一天开始，不论周期为几周（最多4周）。驻访时间都必须从周一上午10点开始，到周五下午4点结束。

（2）驻访待遇：艺术家有多种类型的工作室可申请，也可申请宿舍。驻访基地周边有良好的自然环境和文化氛围。

（3）驻访对象：版画、陶瓷、写作和跨媒介艺术领域的各类艺术家。

（4）驻访周期：1~4 周。

（5）如何申请：按要求在线申请。艺术家需提交驻访计划和简历等，并提交 5 件以上的作品（图片、视频、文本等）。

（七）“研究乡村”艺术家驻访项目

1. 英文名称：Researching the Rural-Artist Residency

2. 驻访机构：“Maltings”（前身为伯维克视觉艺术）、纽卡斯尔大学农村经济中心（CRE）与创意艺术实践研究所。机构英文名称：Maltings (formerly Berwick Visual Arts)、Newcastle University’s Centre for Rural Economy (CRE)、Institute for Creative Arts Practice (the Institute)。

3. 驻访地址：英国诺森伯兰郡特威德镇。

4. 项目介绍：

（1）“研究乡村”艺术家驻访项目，是由“Maltings”（前身为伯维克视觉艺术）、纽卡斯尔大学农村经济中心（CRE）与创意艺术实践研究所联合发起的。该项目旨在引导艺术家思考“如何重视食物及其消费”的问题，并进行艺术创作。驻访艺术家将在英国诺森伯兰郡特威德镇的农村驻留长达四个月，在此期间，将与当地社区以及纽卡斯尔大学的学生、学者进行交流，并以此为背景进行创作。

（2）驻访待遇：驻访艺术家每人将获得 15500 英镑的资助，用于驻访期间的创作和研究，并用于支付住宿和差旅费用；此外，项目还将为艺术家提供工作室和人员支持等。

（3）驻访对象：项目主要面向成熟的、具有社会参与意识的视觉艺术家。艺术家应探索过关于食品题材的创作，或具有能够证明这一点的展览、项目、委托创作记录等。

（4）驻访周期：4 个月。

（5）如何申请：按要求在线提交申请材料。

（八）扬·范艾克学院驻访项目

1. 英文名称：Jan van Eyck Academie。

2. 驻访机构：扬·范艾克学院（Jan van Eyck Academie）。

3. 驻访地址：荷兰马斯特里赫特市。

4. 项目介绍：

（1）扬·范艾克学院致力于探索艺术、设计和其他创造性实践在气候变化、环境破坏等方面的积极意义和影响作用。它为驻访艺术家提供了一个包容多种门类和允许不同表达方式的氛围。扬·范艾克学院每年接受来自世界各地的 45 名艺术家入驻。除了视觉艺术家之外，学院还向平面设计师、服装设计师、建筑师、策展人和作家等开放。每年，从 9 月到 12 月，项目开放申请，艺术家可以从 11 月份开始申请约 11 个月的驻访周期。遴选委员会根据艺术家提交的项目计划和申请文件选择驻访者，遴选委员会由学院的董事、馆长、1~2 名学院的顾问、1~2 名外请专家等组成。委员会一般根据以下标准进行评估：作品的质量；艺术态度，视觉和反思能力；驻访计划书的质量等。被选中的艺术家，往往都拥有开放和参与的态度。艺术家申请驻访时的注册费为 65 欧元（不含增值税）或 78.65 欧元（含增值税）。艺术家的驻访费用为每年 2750 欧元，不含增值税。

驻访艺术家可以利用学院五个实验室的相关设施资源，以及设备完善的图书馆资料，进行研究和创作。在学院相关人员的帮助和支持下，驻访艺术家可以在工作室和学院大楼内工作 11 个月，深入开展创作、研究。除了 11 个月的长期驻访项目外，学院还与基金会及其他机构合作设立奖学金项目，并开展有其他短期驻访项目。项目既鼓励艺术家独立完成各自的创作，也支持他们合作进行创作和研究。扬·范艾克学院不是一所教育机构，因此，不提供学位或证书。

（2）驻访待遇：学院为每个驻访艺术家提供个人工作室、专业顾问、技术人员支持、图书资源等。艺术家可每月领取1000欧元的津贴和每年2000欧元的创作资助。两人或两人以上的集体也可以提交1份项目计划书来申请扬·范艾克学院的驻访；如果入选，他们将共享一个工作室，并将获得最低1.5倍，最高2倍的资助，而驻访费用只需按单个艺术家的费用支付。同时，扬·范艾克学院允许艺术家以家庭的名义申请。对于来自不发达和经济收入低的国家及地区的艺术家，扬·范艾克学院不收取申请注册费用。

（3）驻访对象：视觉艺术家、平面设计师、服装设计师、建筑师、策展人和作家等，每年可接受45人的驻访。

（4）驻访周期：11个月。

（5）如何申请：按要求在线提交申请资料。申请流程包括：填写和提交申请表，上传所有相关资料的PDF文档，完成注册费的支付。集体申报者，只需其中一个人填写申请表格，填写者将成为学院的联系人；在表格中“您的搭档姓名”一栏，可以填写集体的其他成员姓名等。除申请表之外的申请资料还包括：①项目计划书，说明驻访目标和目的（最多500字）；②使用相关实验室的初步想法（最多500字）；③近期创作与研究的介绍（可追溯至5年以内，最多25页）；④简历（最多2页）。文档资料要求：所有资料应能水平查阅，所以包括作品照片都应该尽量水平排版（除非原来的作品是垂直的）；应确保每页只放一到两张作品；在每一张图片的旁边或下方备注标题、材质、尺寸和创作年份等信息，也可以备注一个简短的作品介绍。

第二类　艺术机构（非高校）的国际艺术家驻访项目

（一）INHABIT 艺术家驻访项目

1. 英文名称：INHABIT artists-in-residence program。

2. 驻访机构：马克斯·普朗克经验美学研究所（Max Planck Institute for Empirical Aesthetics）。

3. 驻访地址：德国法兰克福市。

4. 项目介绍：

（1）马克斯·普朗克经验美学研究所成立于 2013 年，位于德国法兰克福，它将人文科学与自然科学的研究人员汇聚在一起，共同研究美学的领域。其研究包括：艺术是如何被欣赏的，是出于何种原因，在何种情境和历史环境下，被什么人欣赏的？同时，该研究所还研究审美实践的功能，以及个人和社会的偏好等。马克斯·普朗克经验美学研究所是目前世界上唯一一家专门从事审美感知和评价的跨学科研究机构，是马克斯·普朗克学会的 86 个研究机构之一。马克斯·普朗克学会是欧洲基础研究领域最重要的组织之一。

马克斯·普朗克经验美学研究所的艺术家驻访项目，旨在邀请来自不同学科的艺术家与研究所的科学家及研究人员团队合作。该项目明确提出，艺术思维和知识本身的反思实践是该驻访项目的一个重要方面。因此，艺术以及艺术实践的启发和挑战至关重要。不同视角之间的相互作用，为艺术家和科学家创造了一个富有成效的合作空间。

项目要求驻访艺术家花三个月时间在科学研究的环境中创作新作品，或进一步延展已有的作品。同时，项目要求艺术家应对研究所的使命持开放态度，应有与研究人员或研究小组进行合作的兴趣和意愿。艺术家在驻访期间创作的作品将有机会与当地各艺术机构合作，以展览、表演、音乐会或其他形式展示。

（2）驻访待遇：艺术家费用 8000 欧元；住宿费 2000 欧元；创作费用（取决于项目规模及类别）；为最终项目的作品实现，提供技术和行政支持；往返法兰克福和在法兰克福的差旅费；与科学家和研究人员合作的机会；免费访问研究所图书馆、录音室和科学设施等。

（3）驻访对象：对艺术和科学领域的跨学科合作感兴趣的各类艺术家；

愿意以展览、表演、音乐会或其他形式开展和分享作品的艺术家；活跃于当代文化领域，并富有创新性和挑战性想法的艺术家。

（4）驻访周期：3 个月。

（5）如何申请：在截止时间前提交完整申请资料，包括：艺术简历；描述艺术家作品、理念、方法等的艺术家说明（500 字以内）；对驻访期间的创作项目的描述（500 字以内）；作品集（20 页以内）等。

（二）小书房国际艺术家驻访项目

1. 英文名称：Stiwdio Maelor。

2. 驻访机构：小书房工作室（Stiwdio Maelor）。

3. 驻访地址：英国威尔士。

4. 项目介绍：

（1）小书房国际艺术家驻访项目由澳大利亚艺术家维罗尼卡・卡拉科于 2014 年 7 月创立，旨在为世界各地的艺术家和作家提供驻访机会。该项目在英国威尔士中部斯诺登尼亚国家公园的环抱中，为驻访艺术家和作家提供安静、舒适的时间和空间，以专注于创作和研究。同时，为不同学科和阶段的艺术家提供相互交流的机会。工作室所在地科里斯最初是一个采石场小镇，周围散布着古老的采石区和废弃的采石场建筑。当地拥有酒吧、咖啡馆、商店等，居住着来自不同背景的各色人等。

作为一个独立的、自筹经费的项目，“小书房国际艺术家驻访项目”致力于在非营利的基础上探索生态和可持续的运营方式。因此，驻访艺术家需缴纳驻访费用，并要求艺术家在驻访期间注意环境保护。驻访艺术家们常会捐赠可售的作品给该项目，这些作品售出后所得的资金，可支持艺术家的再次入驻与项目的持续运营。该项目还接受多种形式的捐款与支持。小书房工作室面向世界各地的所有艺术家开放，不论来自何种背景的艺术家都可以申请驻访。该项目的特点包括：驻访费用低；重点面向视觉艺术家、作家、新媒体艺术家和其他创意人士；属于非营利性驻访项目，旨在分享北威尔士斯诺多尼亚独特的风光与环境。

该项目的工作室由一个传统的采石作坊改建而成，自改建以来，拥有多个大中型工作室，并配备有多间卧室。其中一个大型的阁楼工作室，配备有单独的大卧室、双人床；卧室里配有取暖设备，工作间里配有火炉，此外，还有一个带沙发和扶手椅的休息区；工作室还配备有三张桌子和两把椅子，可供使用。奇威克工作室是一个中型工作室，配有两张桌子和椅子；卧室则是独立的，配有双人床和扶手椅。此外，还有一间中等大小的房间，配有单人床、床头柜和桌椅。厨房、餐厅和浴室设施是公用的。驻访期间，艺术家必须自己解决餐饮和创作材料。同时，在驻访结束时，艺术家需要打扫好卧室和工作室，恢复到入驻时的样子。小书房国际艺术家驻访项目没有举办展览或讲座等结项要求，但是，艺术家申请和驻访期间的文图资料可能会被工作室的网站及社交自媒体采用。

驻访结束时，艺术家也不需要留存作品给小书房工作室，但如果留了，作品将被展示在工作室的公共休息区及过道中，并通过网络进行出售。如果作品售出，售价的50%将用于艺术家的下一次驻访，剩下的50%将用于支持驻访项目的持续运营。

（2）驻访待遇：项目为驻访艺术家提供收费的住宿、工作室。

（3）驻访对象：世界各国的视觉艺术家、作家、新媒体艺术家等。

（4）驻访周期：不详。

（5）如何申请：按要求在线申请。

（三）东伦敦版画中心艺术家驻访项目

1. 英文名称：East London Printmakers Artist-in-Residence Program。

2. 驻访机构：东伦敦版画中心（East London Printmakers）。

3. 驻访地址：英国伦敦迈尔恩德。

4. 项目介绍：

（1）东伦敦版画中心（ELP）是一家非营利的、由艺术家经营的工作室，总部位于迈尔恩德。该中心旨在为艺术家和设计师提供专业且价格合理的版画创作条件，并为他们营造交流和展示作品的机会。东伦敦版画中心的工作室提供丝网版画、腐蚀版画、减版套色版画等的制作条件，并开办各种课程和驻访项目。东伦敦版画中心拥有47名主要艺术家，250名相关艺术家，每年吸引上千名访客。

东伦敦版画中心是一家非营利性机构。自2008年，东伦敦版画中心成立十周年以来，该中心的工作室一直在开展一项驻访项目。这个项目的目的是促进版画艺术的发展，并为驻访艺术家创造一个机会，与ELP的成员分享他们的知识和经验。该项目鼓励新作品的创作，并使驻访艺术家有机会融入伦敦的艺术家群体。

ELP位于东伦敦当代艺术中心，致力于提供专业且价格合理的设施与驻访条件。ELP每年接受两位艺术家的入驻。但此项目不提供住宿、交通、餐饮费用。

（2）驻访待遇：驻访期间，艺术家每周可在工作室创作四天半，在工作日内可24小时进入工作室，同时将获得100英镑的创作材料资助。驻访期间，艺术家需要举办为期一天的工作坊，酬劳为200英镑。此外，驻访艺术家还能免费成为东伦敦版画中心的会员一年。

（3）驻访对象：该项目面向各国艺术家，并鼓励来自各个领域的艺术家申请。ELP每年接受两位艺术家的入驻。

（4）驻访周期：12周以内。

（5）如何申请：按要求在线申请。申请人需提交一份驻访计划书，驻访内容应主要与丝网版画、腐蚀版画、减版套色版画或并用版画等的创作相关。

（四）班夫2D艺术家驻访项目——2021秋季项目：

1. 英文名称：Banff Artist in Residence 2D。

2. 驻访机构：班夫艺术与创作中心（Centre of Arts and Creativity）。

3. 驻访地址：加拿大阿尔伯塔省班夫市。

4. 项目介绍：

（1）班夫2D艺术家驻访项目旨在让视觉艺术家在支持性学习环境中专注于创作。鼓励参与者自由安排研究内容和时间，并在驻访过程中探索新的创作方向。同时，通过促成多元的交流与对话，进一步提升艺术家的驻访体验。

班夫2D艺术家驻访项目是一个面向以摄影、绘画、版画、纸艺等为媒介的艺术家开展的项目。该项目具备摄影、版画、纸艺和数字媒体艺术等的设备条件。班夫艺术与创作中心将通过共享生产设施及技术人员，为驻访艺术家的创作实验提供技术支持与帮助。

（2）驻访待遇：驻访艺术家将有机会参加在沃尔特·菲利普斯画廊举办的各类展览和艺术项目。此外，艺术家还可以有机会向其他驻访艺术家、班夫中心社区及公众分享他们的作品。

班夫2D艺术家驻访项目使艺术家有机会在驻访期间不受日常生活纷

扰，专心、深入地进行创作实践。驻访艺术家可以24小时使用工作室及相关创作设备。

（3）驻访对象：该项目只面向视觉艺术家。艺术家应具有艺术展览及相关出版记录，接受过正规艺术教育，或具有一定创作经验并被同行认可。该项目面向世界各国的艺术家征集，但疫情期间仅接受在加拿大境内居住的艺术家申报。

（4）驻访周期：不详。

（5）如何申请：艺术家需要按照官网的相关要求和步骤上传申请材料。以小组（不超过2人）为单位进行申请的，应由一人作为组长负责上传申请材料，包括成员的详细简历等。艺术家还应提交驻访计划，即阐明驻访原因及目标。

申请资料具体包括：艺术家详细简历（1页），包括艺术家的教育经历、艺术及其他相关经历介绍；一份100字的简要版简历和一份100字的驻访计划概要；500～1000字的详细驻访计划，包括每周执行计划、具体创作媒介、所需的技术支持或要求等；驻访期间具体要求的工作室、设备、软件、工具或人员支持；10件作品照片，格式及文件大小应符合上传要求；

班夫2D艺术家驻访项目收取报名费：65美元（其中当地的艺术家仅收35美元），一经申请，报名费不退。此外，批准入驻的艺术家将需要交付6 929.03美元的驻访费用。希望获得经费资助或减免的艺术家，可以在上传申请资料时，填写“经济资助”的相关内容。经济资助包括全额和半额两种，用于减免住宿、饮食及其他相关驻访费用。

（五）戈尔登基金会艺术家驻访项目

1. 英文名称：The Golden Foundation Residency Program。

2. 驻访机构：戈尔登艺术基金会（The Golden Foundation）。

3. 驻访地址：美国纽约州新柏林市。

4. 项目介绍：

（1）2012 年，戈尔登艺术基金会为绘画艺术家们开设了一个特殊的驻访项目。在纽约中心的丘陵地带，距离“戈尔登艺术家颜料”制造厂很近的地方，一个 19 世纪的谷仓被改造成了拥有巨大工作室空间和公寓的现代化驻访基地。该驻访项目是为绘画艺术家提供的，探索广泛的和具有创新性的绘画材料及技术的机会。戈尔登基金会驻访项目旨在帮助艺术家发现和探索今天可用的各种材料及技术。

戈尔登艺术基金会的驻访项目以探索水性和油性材料的新用途为出发点。驻访期间，艺术家们有机会探索一些新材料，这些材料将改变他们对颜料的一般看法。他们有机会接触到的一些材料，会为艺术家的表达和创作过程开启新的方式。

戈尔登基金会每年提供多个驻访机会，每个驻访周期为四周，每次最多接待 3 位艺术家。以即将开展的 2022 年驻访项目为例，可申请的驻访周期包括：3 月 6 日至 4 月 2 日；4 月 24 日至 5 月 21 日；5 月 29 日至 6 月 25 日；7 月 31 日至 8 月 27 日；9 月 4 日至 10 月 1 日；10 月 16 日至 11 月 12 日。

自艺术家驻访项目开展以来，戈尔登基金会的目标，一直是致力于减少和免除收费的。2017 年是基金会成立 20 周年，基金会举行了艺术作品拍卖。该次拍卖筹集了足够的资金，使 2018 年、2019 年的所有驻访艺术家可以免费驻访。但由于戈尔登艺术基金会是一个非营利组织，差旅费和餐饮相关的开支需要艺术家自理。同时，驻访艺术家应该自带绘画工具、画布和纸张。在驻访时，所有艺术家都需要缴纳 250 美元的押金。所有驻访艺术家都会得到大量的颜料，以及相关技术支持。

（2）驻访待遇：有机会全面考察各种丙烯和油画颜料及媒介质；丙烯颜料的试用；有机会了解戈尔登艺术家颜料的实验室和制造设施；与颜料制作技术人员交流的机会；为艺术家免费提供创作所需的丙烯和油画颜

料；免费提供共享的开放式工作室；免费提供宽敞的个人公寓（附独立浴室）；免费提供设备齐全的共享厨房、洗衣设施、无线网络和宽敞的公共区域；优美的周边自然环境等。

（3）驻访对象：仅限绘画艺术家。

（4）驻访周期：4 周。

（5）如何申请：按要求在线申请，遴选委员会重点关注艺术家提交的作品质量。

（六）瓦松岛艺术家驻访项目

1. 英文名称：Vashon Artist Residency。

2. 驻访机构：瓦松岛艺术家驻访中心（Vashon Artist Residency LLC）。

3. 驻访地址：美国华盛顿州瓦松岛。

4. 项目介绍：

（1）项目为来自世界各地的艺术家、作家、学者、音乐家、表演和跨学科艺术家提供为期一个月的驻访。项目旨在为多元化的艺术家群体提供驻访创作和交流的机会。艺术家在驻访期间创作的所有作品都将归属艺术家，项目对艺术家驻访期间的创作内容和数量没有具体要求。该项目每月接受 3 名艺术家入驻，并按比例收取住宿及工作空间费用。

瓦松岛艺术家驻访项目提供一个月时间内的创作空间，同时，使艺术家能在瓦松岛上普吉特海湾壮阔的风景中创造、思考、想象和生活。驻访机构位于一栋海滩边的四居室的房子里，配备有三个艺术家工作室和一个作家工作室。

项目的创始人是视觉艺术家凯西·萨科夫斯基（Cathy Sarkowsky），基于对瓦松岛这一特殊地点的热爱与分享的渴望，促使她在海滩上建立了这一艺术家驻访机构。

（2）驻访待遇：为艺术家提供住宿、工作室、厨房、互联网等。同时，提供展览空间、表演空间、图书馆和其他资源。

(3) 驻访对象：面向世界各地的各领域艺术家，包括绘画、雕塑、舞蹈、戏剧、行为艺术、纤维艺术、音乐等。

(4) 驻访周期：1个月。

(5) 如何申请：按官网要求提交申请材料。

(七) 比尔卡国际艺术家驻访项目

1. 英文名称：Foreningen BIRCA Residency。

2. 驻访机构：比尔卡国际艺术家驻访中心（BIRCA-Bækkelund International Residency Center for Artists）。

3. 驻访地址：丹麦博恩霍尔姆岛。

4. 项目介绍：

(1) 比尔卡国际艺术家驻访中心位于丹麦博恩霍尔姆岛北部。该中心是基于对旧的农舍建筑进行翻新和现代化改造而建立的，旨在为丹麦国内和国际驻访艺术家提供最佳的工作环境和住宿条件。

该中心有两个大型的表演工作室，面积分别为160平方米和130平方米。主楼面积为200平方米，包含3个房间。此外，还配备有一个130平方米的公寓，公寓一楼可作为宿舍或工作室。

该中心的建筑位于3.31公顷土地的中央，附近分布着田野和一小片森林。空间开阔，利于思考和创作。中心既适用于个人化的创作研究，也可以用于团体性的排演或举行学术研讨等。比尔卡国际艺术家驻访中心通常在5月至10月运行驻访项目，但冬季也可以接受入驻。项目对于艺术家的驻访内容没有特别限定。

比尔卡国际艺术家驻访项目创立于2018年，属于非营利性公益项目。项目不收取申请费，但收取驻访费用5000丹麦克朗/周，用于创作空间和住宿。艺术家也可通过申请免除费用。日常饮食的费用需要艺术家自理。

（2）驻访待遇：比尔卡国际艺术家驻访中心为驻访艺术家提供单间的住宿与独立的工作室，并提供自行车、网络等配套设施。同时为艺术家提供展览空间、舞蹈/戏剧/表演空间、图书馆/研究资源。艺术家还可以通过申请，获得5000丹麦克朗/周的资助，资助主要用于饮食和差旅，获得资助的团队人员最多不超过4人。

（3）驻访对象：主要面向世界各地的行为艺术家、舞蹈及戏剧艺术家等，可同时入驻5~10名艺术家。

（4）驻访周期：2周。

（5）如何申请：艺术家按要求提交申请材料。

（八）尼德斯特雷希艺术家驻访项目

1. 英文名称：Air-Artist in Residence Niederösterreich。

2. 驻访机构：奥地利艺术家驻访联盟（Air-Artist in Residence Lower Austria）。

3. 驻访地址：奥地利克雷姆斯。

4. 项目介绍：

（1）每年，多达50名艺术家被邀请到克雷姆斯，来到尼德斯特雷希艺术家驻访项目的合作机构（下奥地利省艺术与文化部、Stadtpark美术馆、克里姆斯卡里卡图尔博物馆等）。每位艺术家在驻访期间都会有一套用于生活、工作的公寓。在驻访过程中，艺术家们将获得持续的协助和策展支持，以实现他们的艺术创作项目。多样化的当代艺术实践在该项目中会得到充分的尊重；项目旨在促成驻访艺术家及其作品，与奥地利当地艺术现状、文化机构之间的关联。

下奥地利省驻访艺术家项目是一个包括多个学科的资助项目，位于多瑙河畔的克雷姆斯。该项目为建筑师、视觉艺术家、音乐家和作家提供驻访机会，驻访地点在下奥地利省，驻访周期一至三个月，并有机会了解当地的文化机构。同时，驻访项目也为低奥地利省的艺术家与世界各国艺术家之间建立国际交流合作的关系。

除了展览、音乐会、工作坊等之外，该项目特别强调驻访期间艺术家的创作。从广泛的意义上讲，其开展驻访的主要目的是促进艺术表达与形式的拓展及反思。项目共拥有工作室、演播室 5 间，一次可以入驻艺术家 5 人，不收取任何费用。

（2）驻访待遇：项目给驻访艺术家免费提供工作室和公寓及生活设施。此外，每位艺术家还将获得每月 1300 欧元的资助。艺术家需自行支付的费用包括交通费、餐饮费用等。

（3）驻访对象：视觉艺术家、音乐家、文学家、建筑师等。

（4）驻访周期：1~3 个月。

（5）如何申请：按要求在线申请。

（九）叶山国际艺术家驻访项目

1. 英文名称：International Artist Residency in Hayama。

2. 驻访机构：叶山国际艺术家驻访中心（International Artist Residency in Hayama）。

3. 驻访地址：日本神奈川县。

4. 项目介绍：

（1）叶山（Hayama）国际艺术家驻访项目的目的，是向世界各地的视觉艺术家介绍日本文化，并为他们提供在日本举办展览的机会。该项目的驻访周期为 4 周。叶山（Hayama）是日本本州岛中部神奈川县的一个城镇，面对太平洋上的佐美湾。叶山距离东京大约 1.5 小时车程，属温带海洋性气候。

叶山国际艺术家驻访项目的创始人和主任是德克斯特·温伯利，他创立该项目的初衷是：“给艺术家们一个激动人心的体验，让他们期待，也让他们有机会拓宽他们的视野。”驻访项目包含多个预定的活动和计划，并包括举办驻访艺术家展览，但驻访的主要目的是让艺术家有机会体验当地文化的各个方面，并有机会与日本的艺术家、策展人和画廊进行交流。项目不要求艺术家在驻访期间创作新作品，而是希望艺术家有足够的时间，在一个安静的环境中思考。该项目的重要内容是，驻访期间为艺术家举办一次群展。项目与东京巴库罗町艺术区的当代艺术画廊 KOKI ARTS 合作举办展览。艺术家一旦入驻，项目的策展团队将与 KOKI ARTS 画廊协作，进行展览作品选择、代售协议签订、作品运输和保险等工作。

申请叶山国际驻访项目的艺术家需缴纳申请费 95 美元，如果第一次申请没有通过，第二次申请费将被免除。项目的评选委员会由国际化的博览会主任、画廊创始人、策展人等组成。每一位申请该项目的艺术家，都将收到书面反馈。

（2）驻访待遇：项目为驻访艺术家提供往返的国际机票，4 周的免费驻访，每周 200 美元的餐费和当地交通费，单间卧室等。同时，项目还提供免费接机服务。

（3）驻访对象：该项目要求艺术家年龄必须在 21 岁以上，世界各地的视觉艺术家皆可申请，申请时使用的语言为英文。

（4）驻访周期：4 周。

（5）如何申请：按要求在线申请。申请时，艺术家最多可以提交 10 件作品，作品文件类型包括：图片、音频、视频等。音频或视频作品不超过 10 分钟。单个文件大小不能超过 400mb，申请资料的大小总共不能超过 800mb。

（十）阿波和纸国际艺术家驻访项目

1. 英文名称：Awagami Artist in Residence Program。

2. 驻访机构：阿波和纸厂（Awagami Factory）。

3. 驻访地址：日本德岛吉川市。

4. 项目介绍：

（1）自创立以来的三十多年间，日本阿波手工纸馆已为来自世界各地的100多名艺术家提供了驻访的机会。阿波和纸艺术家驻访项目具有独特性，它为驻访艺术家提供了学习和使用阿波手工纸的制造方法及技术的机会，这些方法和技术在德岛吉川市是世代相传的技艺。驻访艺术家还可以进入附近的印刷（版画）工作室，使用其凹版、平版、活字印刷、喷墨印刷及染色的相关设施进行创作。

阿波和纸国际艺术家驻访项目面向世界各国艺术家开放，驻访周期为1~2个月，旨在使艺术家基于当地阿波和纸文化的影响而进行创作。项目要求艺术家对驻访期间的创作有一个清晰的构想；并要求艺术家将和纸作为创作的主要表达手段及元素，但也可包括绘画、版画、雕塑、装置等形式。每位艺术家应在驻访期间每月举办一次作品分享会，并在驻访结束时举办一次为期2周的作品展览，为艺术家和当地社区之间的文化交流创造机会。在驻访完成之后，艺术家可能还有机会参加阿波和纸国际艺术家驻访项目与其他国际驻访项目进行的合作交流活动。该项目还希望艺术家回国后能够举办展览、讲座等，对其进行宣传和介绍。

（2）驻访待遇：项目为驻访艺术家提供生活与创作津贴。艺术家可免费进入阿波和纸工厂及其版画工作室进行创作。工厂为艺术家提供纸张制作、使用方面的专家建议，并提供协助艺术家创作的人员支持，艺术家还可查阅其内部图书馆的相关资料等。

（3）驻访对象：世界各国的视觉艺术家。

（4）驻访周期：1~2个月。

（5）如何申请：按要求在线申请。阿波和纸国际艺术家驻访项目联合其他驻访机构、版画工作室共同完成艺术家的遴选。

（十一）洛德斯塔艺术家驻访项目

1. 英文名称：Lodestar Hybrid Residenc。

2. 驻访机构：洛德斯塔艺术学校（Lodestar School of Art）。

3. 驻访地址：爱尔兰奥特拉尔郡洛德斯塔艺术学校。

4. 项目介绍：

（1）洛德斯塔艺术学校是一所另类的艺术学校，是一个独立经营的非盈利的小型机构，由画家丹尼斯·法雷尔（Denis Farrell）创建。该校的驻访项目将来自世界各地的学生和国际知名艺术家聚集在一起，共同进行为期10天的绘画创作。该学校夏季的驻访项目，每年在不同的地点举行。项目起始于2014年。

项目每次接受16~20名艺术家同时驻访，驻访周期为2周（10天）。项目不收申请费用，但收取驻访费用：合住房1775欧元/人，常规单间价格2450欧元/人，单间早鸟价1995欧元/人。项目对艺术家的创作及其他事项没有特别的要求。

乘坐飞机抵达爱尔兰香农机场（SNN）的艺术家，项目将提供接机服务；但如果飞到都柏林机场或科克机场，艺术家需要乘坐火车或汽车到利默里克市，项目将安排火车站或汽车站的接送。

（2）驻访待遇：提供工作室、食宿以及展览空间。

（3）驻访对象：来自世界各地的视觉艺术家（主要面向欧美）。

（4）驻访周期：10天。

（5）如何申请：艺术家按官网要求提交申请材料，完成在线申请。

（十二）阿宾顿工作室艺术家驻访项目

1. 英文名称：Abingdon Studios Work/Leisure。

2. 驻访机构：阿宾顿工作室（Abingdon Studios）。

3. 驻访地址：英国布莱克浦。

4. 项目介绍：

（1）项目旨在邀请新兴的及成熟的艺术家，使他们能够在具有独特历史和文化的 Blackpool 地区创作新作品，项目已开展两期。在之前的两期驻访项目里，该工作室已经完成了 7 个短期的艺术家驻访。

作为该项目第三期，2022 年阿宾顿工作室计划邀请 3 名艺术家，在春季和夏季进行驻访。

（2）驻访待遇：每位通过申请的驻访艺术家将获得 1000 英镑的资助。同时，阿宾顿工作室将保留资助中的部分金额，用于驻访艺术家的交通和住宿费用。

（3）驻访对象：所有年龄段的英国当代视觉艺术家。

（4）驻访周期：不详。

（5）如何申请：按要求在线提交申请材料。

（十三）EPFL CDH AiR 项目

1. 英文名称：EPFL CDH AiR Program。

2. 驻访机构：EPFL CDH Direction、EPFL 展馆（EPFLPavilions）。

3. 驻访地址：瑞士洛桑市。

4. 项目介绍：

（1）EPFL CDH AiR 项目由 EPFL CDH Direction 发起，并由 EPFL 展馆支持，反映了 CDH 的使命，即促进艺术家与 EPFL 科学界之间跨学科交流与合作的使命。该项目致力于把艺术、人文、科学和技术联系起来，促进艺术家进行创作和研究。每期驻访项目最多接受 4 位艺术家的入驻。

（2）驻访待遇：该项目鼓励艺术家开展跨学科创作，并支持艺术家与 EPFL 的科学家、博士生、硕士生等进行共同研究。该项目还向艺术家提供驻访期间的相关费用支持，包括：瑞士洛桑地区的差旅费、住宿费，驻访期间的生活补贴（1500瑞士法郎/月）、创作费（最高15000瑞士法郎）。此外，项目还将为艺术家提供驻访期间的策展支持，包括驻访创作成果在EPFL展馆的公共展示等。

（3）驻访对象：EPFL CDH AiR项目向对艺术、科学、媒介和技术交叉领域感兴趣的各国艺术家开放。

（4）驻访周期：3~4个月。

（5）如何申请：按要求在线提交申请资料。

（十四）亚马逊艺术家驻访计划

1. 英文名称：Amazon Artist in Residence program。

2. 驻访机构：亚马逊公司。

3. 驻访地址：亚马逊公司西雅图和贝尔维尤园区内的工作室。

4. 项目介绍（以2022年驻访项目为例）：

（1）亚马逊艺术家驻访项目2018年，旨在通过艺术家多样化和鼓舞人心的艺术作品，鼓励和支持创造性思维，并以此影响亚马逊的员工和当地社区。在完成驻访之后，每位艺术家需贡献一件作品在亚马逊园区展出。已经驻访过的艺术家包括版画家克里斯汀·T·拉米雷斯、电影制作人因耶·沃科马和灯光艺术家本·萨莫拉等来自多个门类的艺术家。

（2）驻访待遇：提供15000美元/人的资助；免费工作室空间。

（3）驻访对象：主要面向美国西北部的艺术家（不限定门类）。

（4）驻访周期：10周（每期7人）

（5）如何申请：按要求在线提交申请资料。

参考文献

[1] 郑长玲，高德祥编.《一带一路文化艺术交流合作国际学术研讨会论文集》. 北京：文化艺术出版社，2017.

[2] 刘晓亮著.《地方高校教育国际化》. 北京：中国石化出版社有限公司，2016.

[3] 于欣力著.《高校国际化探索与实践》. 青岛：中国海洋大学出版社，2018.

[4] 王镛著.《中外美术交流史》. 北京：中国青年出版社，2013.

[5] 龚之允著. 图像与范式：早期中西绘画交流史（1514—1885）. 北京：商务印书馆，2014.

[6] 张华清著.《典藏艺术理论系列丛书：中苏美术教育交流文献》. 长春：辽宁美术出版社，2014.

[7] [英] 苏立文著，赵潇译.《东西方艺术的交会》. 上海：上海人民出版社，2014.

[8] 朴永光著.《中韩艺术交流史》. 北京：中央民族大学出版社，2012.

[9] 刘京. 从“XIPC”看“高校国际版画艺术家驻访项目”的模式与价值 [J]. 高教学刊，2018（22）：21-23.

[10] Simon Bill，Artist in Residence，Sort of Books，2016.

[11] Christina Nielsen，Sargent on Location：Gardner’ s First Artist-in-Residence，Paul Holberton，2018.

[12] Waldorf，Lynn A.，Dynamics of a Teaching Artist Residency，VDM Verlag，2010.